200

platos de arroz

200
platos de arroz

Laurence y Gilles Laurendon

BLUME

BLUME

Título original:
200 Risottos and Rice Dishes

Traducción:
Cristina Rodríguez Fischer
Maite Rodríguez Fischer

Revisión técnica de la edición en lengua española:
Ana María Pérez Martínez
Especialista en temas culinarios

Coordinación de la edición en lengua española:
Cristina Rodríguez Fischer

Primera edición en lengua española 2012

© 2012 Naturart, S. A. Editado por BLUME
Av. Mare de Déu de Lorda, 20
08034 Barcelona
Tel. 93 205 40 00 Fax 93 205 14 41
e-mail: info@blume.net
© 2011 Octopus Publishing Group, Londres

ISBN: 978-84-8076-992-1
Depósito legal: B. 16.757-2012
Impreso en Tallers Gràfics Soler, S. A.,
Esplugues de Llobregat (Barcelona)

WWW.BLUME.NET

En las recetas que se presentan en este libro se utilizan medidas
de cuchara estándar. Una cucharada sopera equivale a 15 ml;
una cucharada de café equivale a 5 ml.

Precaliente el horno a la temperatura especificada en la receta. Si utiliza
un horno con sistema de ventilación forzada, siga las instrucciones
del fabricante en cuanto a tiempos y temperaturas.

Utilice hierbas frescas a menos que se especifique lo contrario.
Utilice huevos de tamaño mediano a menos que se especifique lo contrario.

Las autoridades sanitarias aconsejan no consumir huevos crudos. Este libro
incluye algunas recetas en las que se utilizan huevos crudos o poco cocinados.
Resulta recomendable y prudente que las personas vulnerables, tales como
mujeres embarazadas, madres en periodo de lactancia, minusválidos, ancianos,
bebés y niños en edad preescolar eviten el consumo de los platos preparados
con huevos crudos o poco cocinados. Una vez preparados, estos platos deben
mantenerse refrigerados y consumirse rápidamente.

Este libro incluye recetas preparadas con frutos secos y derivados de
los mismos. Es aconsejable que las personas que son propensas a sufrir
reacciones alérgicas por el consumo de los frutos secos y sus derivados,
o bien las personas más vulnerables (como las que se indican en el párrafo
anterior), eviten los platos preparados con estos productos. Compruebe
también las etiquetas de los productos que adquiera para preparar los alimentos.

Preservamos el medio ambiente. En la producción de nuestros libros procuramos,
con el máximo empeño, cumplir con los requisitos medioambientales que promueven
la conservación y el uso responsable de los bosques, en especial de los bosques
primarios. Asimismo, en nuestra preocupación por el planeta, intentamos emplear
al máximo materiales reciclados, y solicitamos a nuestros proveedores que usen
materiales de manufactura cuya fabricación esté libre de cloro elemental (ECF)
o de metales pesados, entre otros.

contenido

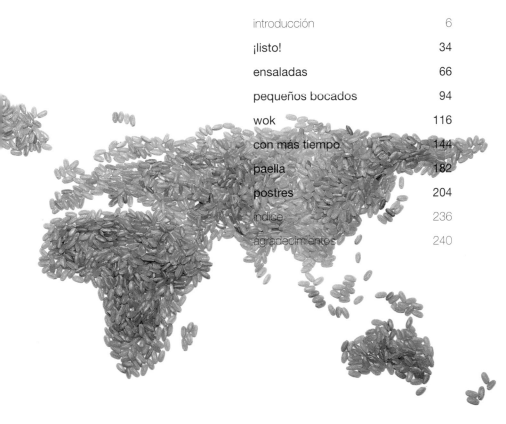

introducción

introducción

El arroz es uno de los cereales que más se consumen en el mundo. Es el alimento básico de numerosas poblaciones humanas y un elemento importante de la cocina asiática, sobre todo de China y la India. En Europa se cultiva en el valle del Po italiano, la región de la Camarga francesa, la península ibérica, Grecia e incluso Rusia.

¡el arroz es sencillo y bueno!

Resulta sorprendente lo que se puede hacer con el arroz. Es el ingrediente principal de platos únicos y nutritivos como la paella o el *risotto*. Puede utilizarlo para alimentar a su familia de numerosas maneras. Sirva arroz a la cantonesa o arroz blanco con platos de pescado o de carne. Llévese una ensalada de arroz para almorzar en el parque o prepare *sushi* para una cena íntima. El arroz es, asimismo, un plato dulce excelente: no hay nada tan reconfortante como un arroz con leche. Es sencillo y bueno.

¡el arroz es saludable!

El arroz posee unas cualidades nutritivas notables. Contiene vitaminas, minerales y fibras beneficiosas.

Debido a su base de féculas, el arroz es una buena fuente de energía, que libera, de forma gradual, sus hidratos de carbono al organismo para proporcionar energía. El arroz contiene, asimismo, otros nutrientes muy útiles, tales como vitaminas del grupo B, magnesio, proteínas vegetales, hierro y calcio.

Los nutricionistas recomiendan arroz; además, no engorda.

arroz instantáneo

El arroz precocinado de calidad, cocinado al vapor o fácil de cocinar se halla disponible en cualquier establecimiento, y resulta muy útil disponer del mismo en la despensa. Es un arroz que requiere de un tiempo de preparación entre 5 y 10 minutos además de ser particularmente práctico para preparaciones de última hora. Es perfecto para el microondas y también puede cocerse sobre el fuego o en el horno.

¿qué arroz escoger?

Por lo general, el arroz blanco es más popular que el integral, ya que los consumidores prefieren su sabor y su color. Sin embargo, el arroz blanco carece por completo del germen y del salvado, y el proceso de descascarillado y pulido al que se somete este tipo de arroz elimina la mayoría de sus nutrientes.

El arroz integral es una opción más nutritiva, ya que mantiene su cáscara exterior y es rico en vitaminas y minerales. Cuanto más marrón sea el arroz, más completos serán sus nutrientes y más alimenticio y sabroso resultará.

El arroz de grano largo, como el basmati, el Surinam o el arroz aromático fragante tailandés, no se aglutina durante la cocción. De este modo, se utiliza por lo general en ensaladas o como acompañamiento. El arroz de grano redondo, como el arborio, es adecuado para *risotti*.

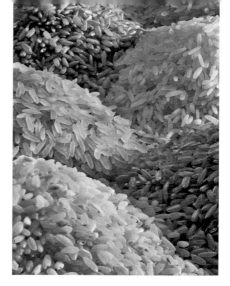

tipos de arroz

Amarillo, blanco, negro, integral, glutinoso: no es preciso confinarse a un arroz blanco de grano largo. Existen miles de variedades que difieren en color, sabor y forma.

Este libro hace una introducción a algunas de las variedades más populares, todas ellas fáciles de encontrar en tiendas de alimentación y supermercados. Existe también una enorme gama de productos elaborados a partir de arroz, tales como pasta, galletas, tortitas para envolver rollitos de primavera, eso sin mencionar el arroz cremoso, típico de la cocina de Oriente Medio, o la pasta de arroz *mochi* utilizado en Japón para preparar deliciosos pasteles. ¡La elección está en sus manos!

arroz al estilo criollo

Ésta es la forma más común de cocinar arroz. Es, asimismo, la más sencilla y adecuada para la mayoría de las variedades.

con mucha agua

Existen dos formas de cocinar arroz en agua. Vierta el arroz en una cacerola grande llena de agua hirviendo, del mismo modo que cocinaría la pasta (el arroz deberá siempre «nadar en libertad»). Lleve de nuevo a ebullición, hiérvalo, sin tapar, durante el tiempo requerido, y finalmente cuélelo. De forma alternativa, añada 1 parte de arroz por 1,5 veces su volumen de líquido caliente. Deje cocer a fuego lento, tapado, hasta que todo el líquido se haya absorbido.

condimentar el arroz

En función de la receta, puede utilizar:

- caldo de pollo, de verduras o de carne;

- especias: canela, chile, jengibre, nuez moscada, clavo;

- cáscara de cítricos (naranja, limón);

- hierbas aromáticas: tomillo, laurel, romero, cebollino, perejil, cilantro, hierba limonera (*Citronella*).

arroz al estilo criollo paso a paso

4 raciones
300 ml de **agua** o de **caldo**
180 g de **arroz**
sal y **pimienta**

Lleve el agua o el caldo a ebullición en una cacerola grande. Condimente con sal y pimienta, añada el arroz y tape.

Vuelva a llevar a ebullición y, a continuación, baje la temperatura y deje cocer lentamente, tapado, entre 12 y 15 minutos.

Cuele el arroz. Resérvelo y manténgalo caliente o sírvalo de inmediato.

arroz al vapor

Este método de cocción «airea» el arroz y lo deja ligero y muy tierno. El arroz se debe remojar en agua fría durante 1 hora y, a continuación, colocar en una vaporera sobre agua hirviendo. El tiempo de cocción es de unos 25 minutos.

¿qué tipo de arroz es adecuado para preparar al vapor?

Esta forma de preparación es particularmente adecuada para el arroz glutinoso, aunque también puede utilizarse el arroz de grano largo o redondo, siempre y cuando se haya remojado en agua al menos durante una hora antes de su cocción.

remojo

Cuanto más tiempo remoje el arroz en agua, más breve será el tiempo de cocción.

arrocera

Puede también emplear una olla arrocera, un utensilio culinario especialmente diseñado para cocinar el arroz al vapor. Este dispositivo eléctrico prepara un arroz hervido perfecto y mantiene los granos bien separados.

conferirle aroma

Para dotar de una delicada fragancia al arroz al vapor, utilice hierbas aromáticas al cocinarlo. Pruebe mejorana, menta, verbena, lima, romero, cáscara de limón o de naranja, o lo que desee.

arroz al vapor paso a paso

4 raciones
180 g de **arroz**

Vierta el arroz en un cuenco grande, tápelo con agua fría y déjelo en remojo durante al menos 1 hora; si es posible, toda la noche.

Cuele el arroz y viértalo en el compartimento superior de una vaporera de bambú o de acero inoxidable, envuelto en un paño limpio.

Lleve a ebullición el agua del compartimento inferior, coloque encima el compartimento con el arroz, cierre bien la tapa y deje cocinar durante unos 25 minutos.

arroz pilaf

cocinar por absorción

Caliente un poco de mantequilla o aceite en una cacerola. Añada el arroz y remuévalo hasta que los granos estén bien recubiertos de la mantequilla o el aceite. Añada el líquido caliente (agua o caldo) y cueza, tapado, entre 12 y 15 minutos.

Como orientación, necesitará 1,5 partes de agua por 1 parte de arroz.

Este método resulta adecuado para casi todos los tipos de arroz, especialmente para los de grano largo.

¿mantequilla o aceite de oliva?

Para cubrir el arroz puede utilizar una nuez de mantequilla o de aceite de oliva, o incluso ambos. La mantequilla confiere al arroz una textura cremosa y el aceite de oliva ayuda a cocinarlo a temperaturas más elevadas, de modo que una combinación es perfecta si lo que desea es un arroz tanto firme como cremoso.

pilaf y especias

Condimente el caldo de cocción añadiendo 1 cucharadita de cúrcuma molida y 1 de jengibre molido; con ello conseguirá conferir un aroma delicioso a su plato.

consejo rápido

Caliente un poco de aceite en una cacerola y añada 2 buenas pizcas de curry en polvo y cebolla picada. Mezcle bien y, a continuación, añada 300 g de filetes de pollo en dados. Cocine y sirva con arroz pilaf.

arroz pilaf paso a paso

4 raciones
1 cucharada de **aceite de oliva**
180 g de **arroz**
300 ml de **agua** o **caldo**
sal y **pimienta**

Caliente el aceite en una cacerola.
Añada el arroz y remueva con una espátula
hasta que los granos estén bien recubiertos
de aceite.

Vierta el agua o el caldo sobre el arroz, añada el condimento y lleve a punto de ebullición a fuego lento. Tape y deje cocer lentemente de 12 a 15 minutos.

Ahueque los granos de arroz con una espátula.

risotto

Hay una variedad particularmente deliciosa para cocinar el pilaf. Sin embargo, se precisa de más tiempo y el arroz debe removerse de forma constante. Empiece con el método para el pilaf: caliente un poco de aceite en una cacerola de fondo grueso, añada el arroz y remuévalo hasta que los granos estén bien recubiertos de aceite. A continuación, añada el caldo hirviendo, un cucharón cada vez; primero añada una cantidad pequeña del caldo y permita que los granos absorban el líquido.

Añada otro cucharón de caldo y remueva hasta que se haya absorbido antes de añadir otro. Continúe de esta forma hasta que todo el caldo se haya absorbido.

Este método de cocción requiere atención y paciencia.

¡cuidado!

Un buen *risotto* se cocina «de oído». Necesitará escuchar al arroz para conocer cuál es el momento ideal para añadir el caldo. Un *risotto* debe cocer a fuego lento, nunca burbujear. El queso parmesano se añade al final de la cocción, lo que da al arroz su deliciosa textura cremosa.

¡mantecare!

Cuando haya finalizado la cocción del arroz, añada la mantequilla y el parmesano y deje que repose durante 1 o 2 minutos; a continuación, remueva con un cucharón de madera. El arte del buen *risotto* reside en este gesto tan sencillo.

¿arborio o carnaroli?

Es preferible utilizar arborio superfino o carnaroli.

ideas para el caldo

Tiene múltiples opciones entre las que escoger. En función de la receta, puede utilizar un caldo vegetal o de pollo o bien, para una ocasión más festiva, un caldo de pescado o de caza, o incluso de ternera.

4 raciones
2 cucharadas de **aceite de oliva**
200 g de **arroz de grano redondo**
1 l de **caldo caliente**
20 g de **mantequilla**, en dados
queso parmesano rallado

Caliente el aceite en una cacerola de fondo grueso. Saltee el arroz durante unos minutos y después remueva para asegurarse de que los granos están bien recubiertos de aceite.

Añada un cucharón de caldo, permita que los granos absorban el líquido y entonces añada otro cucharón de caldo. Continúe de esta forma hasta que el caldo se haya absorbido.

Retire de la fuente de calor la cacerola con el arroz; añada la mantequilla y el parmesano rallado, y deje reposar durante 1 o 2 minutos. Remueva.

arroz para *sushi*

4 raciones
tiempo de preparación
10 minutos, más 45 minutos
de reposo
tiempo de cocción **12 minutos**

200 g de **arroz para *sushi***
250 ml de **agua**
80 ml de **vinagre de arroz japonés**
2 cucharadas de **azúcar blanquilla**
½ cucharadita de **sal**

Vierta el arroz en un cuenco grande, cúbralo con agua fría y remuévalo con los dedos. Repita esta operación 2 o 3 veces hasta que el agua salga clara.

Deje escurrir el arroz en un tamiz de malla fina durante al menos 30 minutos.

Vierta el arroz y el agua en una cacerola pequeña.

Mezcle en un cuenco el vinagre de arroz, el azúcar y la sal.

Esparza el arroz sobre una placa plana y grande, rocíe con la mezcla del vinagre y mezcle. Si es necesario, añada más mezcla de vinagre. Cubra con un paño húmedo y deje enfriar.

Ahora puede preparar cualquiera de las 4 recetas que se presentan en las páginas 104-111.

arroz rápido para sibaritas

Aquí se presentan algunas formas para realzar el sabor del arroz hervido o para dar sabor al agua de cocción. ¡Son sencillas y saludables!

arroz con yogur y menta

1 **yogur** cremoso
unas cuantas **hojas de menta**, finamente picadas
arroz hervido
sal y **pimienta**

Mezcle el yogur y la menta en un cuenco.

Condimente ligeramente.

Vierta el arroz caliente en pequeños cuencos, cubra con el yogur a la menta y sirva inmediatamente.

arroz con salsa de roquefort

100 g de **queso roquefort**, desmenuzado
100 ml de **crema acidificada**
2 cucharadas de **vino blanco**
arroz hervido
pimienta

Derrita el roquefort con la crema y el vino blanco durante 5 minutos a fuego lento.

Mezcle durante 3 minutos en el robot de cocina, añada pimienta y sirva con arroz al vapor o hervido.

arroz con copos de parmesano

queso parmesano
en virutas
arroz hervido
pimienta

Utilice un cuchillo mondador para rebanar el parmesano.

Espolvoree los copos sobre el arroz, añada una gran cantidad de pimienta y sirva inmediatamente.

arroz al curry

1 cucharadita de **curry**
en polvo suave
arroz
sal

Añada el curry en polvo suave al agua salada hirviendo, lleve a ebullición a fuego lento y vierta el arroz.

Deje que cueza suavemente, tapado, durante 15 minutos.

arroz con salsa de soja

arroz hervido
salsa de soja

Vierta el arroz caliente en cuencos pequeños. Añada unas gotas de salsa de soja a cada cuenco. Sirva inmediatamente.

arroz con leche de coco

arroz
leche de coco
cáscara de 1 **limón**
sal

Vierta el arroz y la leche de coco, sazonada con sal y aromatizada con la cáscara del limón, en una cacerola. Deje que cueza, tapado, durante unos 15 minutos.

Deje reposar 5 minutos antes de servir.

Este arroz combina muy bien con platos indios.

arroz con *chutney*

arroz hervido
1 cucharadita de **chutney**
(de su elección)

Vierta el arroz caliente en cuencos pequeños. Añada 1 cucharadita de *chutney* y sirva.

arroz con cáscara de naranja

arroz
zumo de naranja
la ralladura fina de 1 **naranja**
un pellizco de **azúcar moreno**
blando

Cueza el arroz suavemente en una mezcla de agua salada hirviendo y zumo de naranja, a partes iguales, durante unos 15 minutos, tapado. Deje reposar 15 minutos. Sirva caliente rociado con un poco de ralladura de naranja y azúcar moreno.

¡listo!

pilaf de espinacas especiadas y menta

4 raciones
tiempo de preparación
10 minutos
tiempo de cocción **25 minutos**

3 cucharadas de **aceite vegetal**
180 g de **arroz basmati**
300 ml de **caldo vegetal**
  o **de pollo**
1 cucharadita de **semillas**
  de comino
200 g de **espinacas**, picadas
1 cucharadita de **raíz**
  de jengibre fresco
1 **cebolla**, picada
2 cucharadas de **hojas**
  de menta, picadas
sal y **pimienta**

Caliente 1 cucharada del aceite en una cacerola de fondo grueso y añada el arroz. Remueva bien para asegurarse de que los granos estén recubiertos y translúcidos; a continuación, añada el caldo hirviendo. Condimente, lleve a ebullición a fuego lento, tape y cueza a fuego bajo durante 15 minutos.

Caliente 1 cucharada del aceite en una cacerola. Añada las semillas de comino y deje que se doren; añada las espinacas. Cueza a fuego medio durante 10 minutos, removiendo con regularidad.

Mientras tanto, caliente el aceite restante en una cacerola, añada el jengibre y la cebolla. Cueza a temperatura alta hasta que estén dorados, removiendo con regularidad para evitar que se peguen al fondo.

Añada el arroz a la cacerola con las espinacas y las hojas de menta. Mezcle bien y deje cocer a fuego lento durante unos cuantos minutos más. Condimente de nuevo, si fuera necesario.

Sirva caliente, adornado con la cebolla frita y el jengibre.

Para preparar pilaf de espinacas especiadas con limón en conserva, siga la receta como se indica, pero sin la cebolla ni el jengibre. En su lugar, tueste 50 g de piñones en una sartén antiadherente y añádalos al pilaf, con una cucharada de limón en conserva en dados, justo antes de servir.

emperador con anís estrellado

4 raciones
tiempo de preparación
5 minutos, más 5 minutos
de reposo
tiempo de cocción **15 minutos**

180 g de **arroz de grano largo**
300 ml de **agua hirviendo**
2 **anises estrellados**
2 pizcas de **guindilla en polvo**
aceite vegetal
4 **filetes de emperador**
sal y **pimienta**

Lave el arroz con agua y déjelo escurrir. Páselo a una cacerola de fondo grueso, cúbralo con el agua caliente y añada sal, el anís estrellado y la guindilla en polvo. Lleve a ebullición a fuego lento, tape y deje que cueza a fuego moderado durante unos 15 minutos.

Retire la cacerola de la fuente de calor y deje reposar durante 5 minutos sin quitar la tapa.

Mientras tanto, unte ligeramente con aceite los filetes de emperador. Condiméntelos y fríalos durante 3-4 minutos por cada lado en una sartén antiadherente.

Retire el anís estrellado de la cacerola con el arroz. Ahueque los granos con un tenedor. Sirva inmediatamente con los filetes de emperador.

Para preparar pollo con anís estrellado, sustituya el emperador por 4 filetes de pechuga de pollo. Caliente 2 cucharadas de aceite de oliva en una sartén antiadherente y fría las pechugas unos 6 minutos por cada lado. Puede servir el pollo en dados, con un poco de cilantro fresco picado.

filetes de lenguado con pomelo

4 raciones
tiempo de preparación
 5 minutos
tiempo de cocción **15 minutos**

el zumo de ½ **pomelo**
1 cucharadita de **raíz
 de jengibre fresco** rallado
2 cucharaditas de **miel**
300 ml de **agua**
120 g de **arroz de grano largo**
8 **filetes de lenguado**
sal y pimienta

Ponga el zumo de pomelo, el jengibre rallado y la miel en un cazo pequeño. Lleve la mezcla a ebullición; retírela de la fuente de calor y déjela, tapada, en infusión.

Lleve el agua a ebullición en una cacerola grande. Añada sal; después, el arroz; remueva, tape y baje el fuego. Cueza durante 12 minutos. El arroz deberá estar cocido, pero ofrecer cierta firmeza al morderlo.

Caliente un poco de agua en la parte inferior de la vaporera. Coloque los filetes en la parte superior y cueza durante unos 8 minutos.

Bata la salsa de pomelo, jengibre y miel y añádala con cuidado sobre los filetes de lenguado. Condimente y sirva de inmediato con el arroz. Lo ideal es servir el pescado caliente y la salsa fría.

Para preparar filetes de lenguado con salsa de mandarina, sustituya el zumo del pomelo por uno de mandarina o de naranja. Siga la receta como se indica, pero añada unos gajos de mandarina a la salsa en infusión y caliéntela ligeramente justo antes de servir el pescado.

pilaf primaveral de verduras y hierbas

4 raciones
tiempo de preparación
10 minutos, más 5 minutos
de reposo
tiempo de cocción **20 minutos**

2 cucharadas de **aceite de oliva
virgen extra**
1 **puerro**, en rodajas
1 **calabacín**, en dados
la ralladura y el zumo
de 1 **limón**
2 **dientes de ajo**, picados
300 g de **arroz de grano largo**
600 ml de **caldo de verduras
caliente**
150 g de **judías verdes**, picadas
150 g de **guisantes** frescos
o congelados
4 cucharadas de **hierbas**,
como menta, perejil y cebollino
50 g de **almendras fileteadas**,
tostadas
sal y **pimienta**

Caliente el aceite en una sartén grande, añada el puerro, el calabacín, la ralladura de limón, el ajo, un poco de sal y pimienta y deje cocer suavemente a fuego medio durante 5 minutos.

Añada el arroz, remueva una vez e incorpore el caldo caliente. Lleve a ebullición, reduzca la temperatura de la fuente de calor, tape y deje que cueza a fuego lento durante 10 minutos.

Agregue las judías verdes y los guisantes. Tape, y deje cocer durante 5 minutos más.

Retire la sartén de la fuente de calor y deje en reposo durante 5 minutos. Vierta el zumo de limón y las hierbas, y sirva adornado con las almendras fileteadas.

Para preparar pilaf invernal de verduras y hierbas, caliente dos cucharadas de aceite de oliva virgen extra en una sartén grande; añada 1 cebolla roja en rodajas, 1 cucharadita de cilantro picado y 2 cucharaditas de tomillo, también picado; cueza suavemente a una temperatura media-baja durante 5 minutos. Añada 375 g de carne de calabaza en dados con el arroz, como se ha indicado. Remueva una vez y agregue el caldo caliente. Lleve a ebullición, reduzca el fuego. Tape y deje que cueza a fuego lento durante 10 minutos. Añada 75 g de pasas con los guisantes. Tape y deje que cueza durante 5 minutos. Retire el recipiente de la fuente de calor y deje que repose durante 5 minutos. Finalmente, vierta en la preparación 2 cucharadas de cilantro fresco picado, el zumo de limón y las almendras fileteadas.

arroz pilaf con almendras y piñones

4 raciones
tiempo de preparación
5 minutos
tiempo de cocción **20 minutos**

1 cucharada de **aceite vegetal**
180 g de **arroz de grano largo**
300 ml de **agua caliente**
100 g de **piñones**
100 g de **almendras**
sal y **pimienta**

Caliente el aceite en una cacerola. Añada el arroz. Cubra los granos con el aceite, y procure remover con regularidad con una espátula.

Vierta el agua caliente sobre el arroz, condimente, lleve a ebullición a fuego lento, tape y deje que cueza unos 15 minutos.

Mientras tanto, tueste ligeramente los piñones en una sartén antiadherente; a continuación, haga lo mismo con las almendras.

Sirva el arroz con las almendras y los piñones.

Para preparar arroz pilaf con ternera salteada y verduras crujientes, corte 400 g de carne de ternera en tiras finas y fríalas en una sartén o wok con 1 cucharada de aceite de sésamo. A continuación, cueza 400 g de verduras frescas (tirabeques, judías finas, guisantes, zanahorias baby, cortadas en tiras en diagonal). Añada 2 cucharaditas de pasas sultanas. Sirva caliente con el arroz de almendras y piñones.

arroz con limón y coco

4 raciones
tiempo de preparación
5 minutos
tiempo de cocción **15 minutos**

180 g de **arroz basmati**
300 ml de **agua hirviendo**
4 cucharadas de **zumo de limón**
1 **rama de canela**
1 pellizco de **azúcar**
aceite vegetal, para engrasar
40 g de **coco** rallado

Lave varias veces el arroz bajo el grifo. Póngalo en una cacerola, cúbralo con el agua hirviendo y añada el zumo de limón, la canela en rama y el azúcar. Lleve a punto de ebullición, tape y deje que cueza suavemente durante 15 minutos.

Caliente una cacerola antiadherente ligeramente engrasada. Añada el coco rallado y deje que cueza hasta que esté dorado, removiendo de forma constante con una espátula de madera.

Añada el coco frito al arroz justo antes de servirlo.

Para preparar albóndigas de bacalao al vapor, como acompañamiento, mezcle 200 g de bacalao con un manojo de cilantro picado fino, 50 ml de leche y 1 cucharada de maicena. Añada 50 g de dados de pan especiados. Haga las albóndigas a mano con la mezcla y deje cocer al vapor durante 8 minutos.

arroz pilaf con setas rebozuelo

4 raciones
tiempo de preparación
  15 minutos
tiempo de cocción **20 minutos**

250 g de **setas rebozuelo**
1 cucharada de **aceite vegetal**
2 **escalonias**, finamente picadas
180 g de **arroz de grano largo**
300 ml de **caldo de pollo**
mantequilla
2 cucharadas de **perejil** picado
sal y **pimienta**

Lave las setas con cuidado. Límpielas bajo un suave chorro de agua fría, escúrralas y séquelas bien con un paño suave.

Caliente una cucharada de aceite en una cacerola y cueza las escalonias hasta que adquieran un color dorado.

Añada el arroz. Remueva con una espátula hasta que los granos estén bien recubiertos de aceite.

Vierta el caldo de pollo sobre el arroz. Lleve a ebullición a fuego lento, tape y deje cocer suavemente durante unos 15 minutos.

Derrita una nuez de mantequilla en una sartén antiadherente y saltee las setas un momento. Condimente y añada el perejil picado. Sirva el arroz con las setas salteadas.

Para preparar arroz pilaf con setas portobello (champiñones grandes) y estragón, limpie 250 g de setas portobello con un cepillo, o con papel de cocina seco y pártalas en trozos. Saltéelas en aceite, como se indica en la receta, y añada 375 g de tiras de pechuga de pollo hervida. Continúe cociendo durante unos minutos para calentar el pollo; condimente y añada 1 cucharada de estragón picado.

arroz crujiente estilo persa

4-6 raciones
tiempo de preparación
   15 minutos, más 3 horas
   de remojo
tiempo de cocción **45 minutos**

500 g de **arroz basmati**
60 g de **mantequilla**
una pizca de **hebras de azafrán**
sal

Lave el arroz bajo el grifo varias veces y después déjelo en remojo en un cuenco con agua durante unas 3 horas.

Lleve a ebullición el agua salada en una cacerola y añada el arroz en forma de chorro. Deje hervir durante 5 minutos o hasta que la parte externa del grano esté tierna pero firme en su interior; cuele el arroz.

Derrita la mantequilla en una cacerola de fondo grueso y añada el arroz. Remueva bien y tape ligeramente. Deje cocer a fuego medio durante 15 minutos. Reduzca la temperatura de la fuente de calor y prosiga la cocción unos 20 minutos a fuego muy lento.

Disuelva una pizca de hebras de azafrán en 2 cucharadas de agua hirviendo. Extraiga un cuenco de arroz de la cacerola y rocíelo con el agua aromatizada con el azafrán.

Ponga el resto del arroz en una fuente para servir y cúbralo con una pequeña cúpula del arroz con azafrán.

Retire el arroz incrustado en el fondo de la cacerola y sírvalo separado en un plato pequeño.

Para preparar un arroz crujiente y fragante, cocine el arroz como se indica en la receta. Rocíe un cuenco de arroz con el agua aromatizada con azafrán. Derrita la mitad de la mantequilla en una cacerola y mézclela con el arroz aromatizado con azafrán. Prepare 2 cucharadas de *advieh* (mezcla de especias iraní). Coloque una capa hecha con el resto del arroz en la cacerola; espolvoree cada capa con un poco de *advieh*. Vierta encima 125 ml de agua y la mantequilla restante, derretida. Tape firmemente la cacerola y deje cocer como se ha indicado. Sírvalo decorado con 1 cucharada de pistachos tostados y 1 cucharada de semillas de granada.

dados de ternera y arroz con cebollas

4 raciones
tiempo de preparación
15 minutos
tiempo de cocción **10 minutos**

400 g de carne de **ternera**,
del **lomo** o de la **cadera**
2 cucharadas de **salsa de soja**
1 cucharada de **aceite vegetal**
4 **cebollas**, picadas
400 g de **arroz de grano largo**
cocido
una pizca de **pimentón en polvo**
sal y **pimienta**

Corte la carne en dados pequeños. Rocíe la salsa de soja sobre la ternera y remueva.

Caliente el aceite en una sartén antiadherente. Saltee la ternera, condiméntela y resérvela en un lugar caliente.

Dore las cebollas picadas en la cacerola, añada el arroz, espolvoree con el pimentón y cueza unos minutos, removiendo con una espátula.

Sirva muy caliente con los dados de ternera.

Para preparar dados de pavo y arroz con anacardos, sustituya la ternera por 400 g de pechuga de pavo en dados. Siga los pasos como se indica en la receta, pero añada unos cuantos anacardos cuando fría el pavo.

pollo salteado con semillas de sésamo

4 raciones
tiempo de preparación
5 minutos
tiempo de cocción **20 minutos**

2 cucharadas de **aceite vegetal**
180 g de **arroz de grano largo**
300 ml de **agua**
500 g de **filetes de pechuga de pollo**
4-5 cucharadas de **semillas de sésamo**
un puñado de **cebollas tiernas**
sal y **pimienta**

Caliente 1 cucharada de aceite en una cacerola de fondo grueso. Añada el arroz, removiendo con una espátula para que los granos se recubran de aceite. Añada el agua; condimente, lleve al punto de ebullición a fuego lento, tape y cueza suavemente durante 15 minutos.

Corte los filetes de pollo en trozos pequeños iguales y condiméntelos. Ponga las semillas de sésamo en un plato y añada el pollo.

Caliente el aceite restante en una sartén antiadherente y cueza el pollo durante 4 o 5 minutos, removiendo con regularidad para que se dore por todos sus lados. Añada las cebollas.

Sirva el arroz con el pollo en dados y el sésamo.

Para preparar *dim sum* de bacalao con gambas, sustituya el pollo por 150 g de gambas peladas crudas y 350 g de bacalao. Fría las gambas y el bacalao brevemente en 1 cucharada de aceite, sin dejar que se frían del todo. Procese la mezcla y forme bolas con ella. Envuelva las bolas con láminas para rollitos de primavera que habrá remojado antes en agua tibia. Fríalas durante 5 o 6 minutos; retire el exceso de grasa y sírvalas muy calientes con el arroz.

arroz con vino tinto y ternera salteada

4 raciones
tiempo de preparación
  15 minutos
tiempo de cocción **20 minutos**

100 ml de **vino tinto**
200 ml de **caldo de pollo**
1 cucharada de **aceite vegetal**
2 **escalonias**, picadas
180 g de **arroz de grano largo**
2 **ramitas de tomillo**
600 g de **filete de ternera**,
  en lonchas
4 cucharadas de **perejil**,
  finamente picado
sal y **pimienta**

Ponga a calentar el vino y el caldo de pollo en una cacerola.

Caliente el aceite en un recipiente refractario y añada las escalonias picadas. Cueza hasta que empiecen a cambiar de color, removiendo varias veces.

Añada el arroz y mezcle bien de modo que los granos queden bien recubiertos de aceite. Agregue el vino y el caldo. Condimente, añada el tomillo y lleve a ebullición a fuego lento; tape y hornee, a 180 °C, unos 15 minutos.

Corte la carne en tiras de 6 cm. Caliente una cacerola antiadherente y saltee rápidamente las tiras de ternera. Condimente, retire de la fuente de calor y espolvoree con el perejil picado.

Sirva el arroz acompañado de la ternera salteada.

Para preparar ternera adobada en naranja y clavo, adobe las tiras de ternera durante 3 horas en 500 ml de vino tinto con la ralladura de una naranja, 2 clavos y 5 granos de pimienta negra. Escurra bien las tiras de carne antes de cocerlas. Saltee como se indica en la receta y sirva con arroz al estilo criollo (*véanse* págs. 10-13). Decore con 2 cucharadas de tomillo picado.

kebabs vegetales con pilaf

4 raciones
tiempo de preparación
20 minutos, más 20 minutos
para el adobo y 10 minutos
de reposo
tiempo de cocción **15 minutos**

1 cucharada de **romero**
5 cucharadas de **aceite de oliva
virgen extra**
2 **calabacines**
1 **pimiento rojo**, sin membranas
ni semillas
16 **champiñones**, laminados
8 **tomates cherry**
yogur al estilo griego,
para servir

para el **pilaf**
250 g de **arroz basmati**
1 **cebolla**, finamente picada
2 **dientes de ajo**, finamente
picados
6 **vainas de cardamomo**,
trituradas
100 g de **arándanos secos**
50 g de **pistachos**, tostados
y troceados
2 cucharadas de **cilantro fresco**,
picado
sal y **pimienta**

Remoje 8 broquetas en agua fría durante 30 minutos.

Mezcle en un cuenco grande el romero con 2 cucharadas del aceite, sal y pimenta. Corte los calabacines y el pimiento rojo en trozos grandes; añádalos al aceite con los champiñones y los tomates. Tape y deje reposar durante 20 minutos.

Lave el arroz bajo el chorro del agua fría, deje escurrir y póngalo en una cacerola. Añada agua ligeramente salada hasta cubrir el arroz al menos 5 cm. Lleve a ebullición y deje que hierva durante 10 minutos. Déjelo escurrir bien.

Caliente el aceite restante en otra cacerola. Añada la cebolla, el ajo y las vainas de cardamomo y deje cocer a fuego medio, sin parar de remover, durante 5 minutos, hasta que todo esté ligeramente dorado. Añada el arroz, los arándanos, los pistachos, el cilantro, la sal y la pimienta. Mezcle bien, retire de la fuente de calor, tape y deje reposar durante 10 minutos.

Mientras tanto, caliente una parrilla ondulada. Ensarte las verduras de forma alterna en las broquetas. Áselas, dándoles vueltas con frecuencia, durante 10 minutos, hasta que todas las verduras estén tiernas. Sirva con el arroz y el yogur de estilo griego.

Para preparar un pilaf con mezcla de especias, cocine el arroz como se indica en la receta, añadiendo ¼ de cucharadita de hebras de azafrán al agua. Cueza 1 cebolla picada y 2 dientes de ajo triturados con una rama de canela y 6 clavos en 50 g de mantequilla durante 5 minutos. Añada el arroz recién hervido y remueva ligeramente. Retire de la fuente de calor, tape y deje reposar durante 10 minutos. Antes de servir, retire la rama de canela y los clavos.

arroz con puerros, jengibre y comino

4 raciones
tiempo de preparación
10 minutos
tiempo de cocción **10 minutos**

2 **puerros** grandes
1 cucharada de **aceite de oliva**
1 cucharadita de **raíz**
 de jengibre fresco, rallado
1 cucharadita de **comino**
 en polvo
400 g de **arroz de grano largo**
 cocido
sal y **pimienta**

Corte los puerros y lávelos con cuidado. Déjelos escurrir y córtelos en rodajas finas.

Caliente el aceite de oliva en una sartén antiadherente grande. Añada el jengibre rallado. Remueva con una cuchara, y, a continuación, añada el comino en polvo. Agregue las rodajas de puerro, condimente y deje cocer unos 10 minutos, removiendo de forma regular. Si fuera necesario, añada 1 o 2 cucharadas de agua para evitar que la mezcla se aglutine. Condimente al gusto.

Añada el arroz hervido a la sartén y ahueque los granos con un tenedor. Sirva muy caliente.

Para preparar arroz con puerros, hinojo y limón, omita el comino en polvo. Cueza con el jengibre y el puerro 1 bulbo de hinojo cortado primero en cuartos y, a continuación, en rodajas. Añada la ralladura de 1 limón con el condimento justo antes de añadir el arroz.

arroz al vapor con salvia

4-6 raciones
tiempo de preparación
   5 minutos, más 1 hora
   de remojo
tiempo de cocción **20 minutos**

200 g de **arroz de grano largo**
4 **hojas de salvia**
sal y **pimienta**

Ponga el arroz en un cuenco grande y cúbralo con agua fría. Déjelo en remojo al menos durante 1 hora. Después, déjelo escurrir.

Llene con agua en el compartimento inferior de una vaporera, añada las hojas de salvia y lleve lentamente al punto de ebullición. Coloque el arroz en el compartimento superior. Tape y cueza durante unos 20 minutos. Condimente y sirva muy caliente.

Para preparar gratén de cordero con salvia, saltee unas 10 piezas de cuello de cordero en una sartén hasta que empiecen a adquirir color. Reserve en una fuente de horno refractaria. Saltee en la sartén una cebolla en rodajas y 6 zanahorias pequeñas en tiras, durante 3 minutos. Añádalas a la fuente refractaria junto a 3 nabos pequeños blancos cortados en dados, 3 tomates también en dados, 4 hojas de salvia y 2 dientes de ajo. Cubra con un buen caldo vegetal, condimente y meta en el horno precalentado, a 180 °C, durante unos 45 minutos. Sirva con arroz al vapor con salvia.

arroz con limón y albahaca

4-6 raciones
tiempo de preparación
10 minutos
tiempo de cocción **20 minutos**

1 cucharada de **aceite vegetal**
180 g de **arroz de grano largo**
300 ml de **caldo de pollo**
4 cucharadas de **perejil** picado
4 cucharadas de **albahaca**
  picada
la ralladura de 2 **limones**
50 g de **queso parmesano**,
  recién rallado
sal y **pimienta**

Ponga a calentar el aceite en una sartén; añada el arroz
y remueva, con regularidad, hasta que los granos estén totalmente
recubiertos de aceite y empiecen a verse transparentes.

Caliente el caldo de pollo y viértalo sobre el arroz. Añada
el perejil, la albahaca y la ralladura de limón rallada. Condimente
y cueza, tapado, durante unos 15 minutos a fuego suave.

Para preparar rape con limón y albahaca, corte
2 calabacines en tiras longitudinales muy finas. Esparza
unos trozos de hoja de albahaca y ralladura de limón
sobre 4-6 filetes de rape; condimente al gusto. Envuelva
el rape con las tiras de calabacín. Añada un poco de sal
y pimienta, caliente un poco de aceite de oliva en una sartén y
cueza suavemente el pescado durante 7-8 minutos, removiendo
una sola vez. Sirva con el arroz con limón y albahaca.

ensaladas

ensalada de queso de cabra y nueces

4 raciones
tiempo de preparación
10 minutos
tiempo de cocción **15 minutos**

120 g de **arroz de grano largo**
1 **queso de cabra**,
   ligeramente seco
1 **corazón de lechuga**
un puñado generoso de **nueces**
   peladas
1 cucharada de **cebollas tiernas**
   picadas

para la **vinagreta**
1 cucharada de **vinagre de vino**
1 cucharada de **olivada**
   (pasta de aceitunas negras,
   anchoas, alcaparras y aceite
   de oliva)
3 cucharadas de **aceite de oliva**
la ralladura de 1 **limón**
sal y **pimienta**

Cocine el arroz al estilo criollo (*véanse* págs. 10-13) durante 15 minutos en abundante agua; deberá presentar una textura firme y ligera. Páselo por un colador y detenga la cocción bajo el chorro de agua fría; escúrralo a fondo y déjelo enfriar.

Retire la piel del queso de cabra y córtelo en lonchas.

Prepare la vinagreta: añada el vinagre a la olivada, un poco de sal y bata. Agregue el aceite de oliva poco a poco y, a continuación, incorpore la ralladura de un limón y un poco de pimienta.

Vierta el arroz en una fuente grande y añada el queso de cabra, las hojas de lechuga, las nueces peladas, las cebollas picadas y la vinagreta. Sazone con sal y pimenta.

Para preparar ensalada de feta y aceitunas *kalamata* con orégano, sustituya el queso de cabra por 125 g de feta desmenuzado. Añada unas aceitunas negras finamente picadas, como *kalamatas*, y sustituya las cebollas por orégano fresco picado.

ensalada de hojas mixtas con piñones

4 raciones
tiempo de preparación
10 minutos
tiempo de cocción **15 minutos**

120 g de **arroz de grano largo**
50 g de **hojas mixtas
para ensalada**
12 **tomates cherry** pequeños
1 **tallo de apio**, en dados
1 **queso parmesano** pequeño,
rallado
30 g de **piñones**
5 **hojas de albahaca**, picadas

para la **vinagreta**
1 cucharada de **vinagre de vino**
3 cucharadas de **aceite de oliva**
sal y **pimienta**

Cocine el arroz al estilo criollo (*véanse* págs. 10-13) durante 15 minutos en abundante agua; deberá presentar una textura firme y ligera. Páselo por un colador y detenga la cocción bajo el chorro del agua fría; escúrralo a fondo y déjelo enfriar.

Ponga el arroz y las hojas de ensalada en una fuente grande. Añada los tomates cherry, el apio en dados, el parmesano rallado y los piñones.

Prepare la vinagreta: en un cuenco, mezcle el vinagre y una pizca de sal. Añada el aceite de oliva gota a gota, batiendo continuamente; rocíe sobre la ensalada. Justo antes de servir, espolvoree las hojas de albahaca picadas por encima.

Para preparar tacos de pollo y gruyer, como acompañamiento para la ensalada, fría dos filetes de pechuga de pollo y córtelos en dados pequeños. Unte un poco de olivada sobre 4 tortillas, y una bien los extremos para sellarlos. Colóquelos en una fuente refractaria engrasada, espolvoréelos con gruyer rallado y póngalos bajo el grill durante 5 minutos.

ensalada de arroz para *sushi*

2-3 raciones
tiempo de preparación
   10 minutos, más 45 minutos
   de reposo
tiempo de cocción **12 minutos**

250 g de **arroz para** *sushi*
6 cucharadas de **vinagre
   de vino de arroz**
2 ½ cucharadas de **azúcar
   blanquilla**
5 g de **jengibre encurtido**,
   picado
½ cucharadita de **wasabi**
½ **pepino**
1 **aguacate**, de unos 175 g,
   pelado y cortado en dados
   pequeños
250 g de **salmón sin piel**,
   cortado en tamaño
   de pequeños bocados
8 **cebollas tiernas**, cortadas
   en rodajas finas
3 cucharadas de **semillas
   de sésamo** tostadas,
   para decorar

Cueza el arroz para *sushi* según las instrucciones (*véase* pág. 26), y resérvelo.

Mientras tanto, ponga el vinagre y el azúcar en una sartén pequeña y caliéntelos ligeramente, removiendo, hasta que el azúcar se haya disuelto. Apague el fuego y añada el jengibre encurtido picado y el *wasabi*. Deje enfriar. Corte el pepino por la mitad, en sentido longitudinal y despepítelo con una cucharita. Corte su carne en rodajas finas y añádala a la mezcla del vinagre una vez que se haya enfriado.

Pase el arroz hervido a una fuente; rocíe con la mezcla del vinagre, reservando el pepino, remueva y deje enfriar.

Ponga el arroz frío en un cuenco para ensaladas grande y mezcle suavemente con el pepino, el aguacate, el salmón y las cebollas tiernas. Esparza las semillas de sésamo tostadas y sirva.

Para preparar ensalada de atún dorado y arroz para *sushi*, mezcle 2 cucharadas de salsa de soja con ¼ de cucharadita de *wasabi* y pincele 300 g de filetes de atún con esta mezcla. Cubra totalmente el atún con semillas de sésamo. Caliente 1 cucharada de aceite vegetal en una sartén grande a fuego muy vivo y fría el atún durante 1-2 minutos por cada lado. Retire el atún de la fuente de calor y deje que repose. Prepare la ensalada como se indica en la receta pero sin el salmón. Corte el atún en lonchas finas y sirva con la ensalada de arroz para *sushi*.

ensalada cremosa de endibias y aceitunas

4 raciones
tiempo de preparación
  10 minutos
tiempo de cocción **15 minutos**

120 g de **arroz de grano largo**
3 **endibias** grandes
12 **aceitunas negras**
la ralladura de 1 **naranja**
2 cucharaditas de **zumo de limón**
3 cucharadas de **crema acidificada**
sal y **pimienta**

Cueza el arroz al estilo criollo durante 15 minutos en abundante agua hirviendo (*véanse* págs. 10-13). El arroz deberá estar cocido pero ofrecer cierta firmeza. Escúrralo con un colador y detenga la cocción colocándolo bajo el chorro del agua fría. Escurra bien y deje enfriar.

Lave las endibias y séquelas con un paño limpio; a continuación, píquelas finas.

Ponga el arroz y las endibias en una ensaladera grande. Añada las aceitunas y la ralladura de la naranja.

Vierta el zumo de limón y la crema acidificada en un cuenco. Añada sal y pimienta al gusto y bata rápidamente. Rocíe la salsa cremosa sobre la ensalada justo antes de servirla.

Para preparar ensalada de alcachofas y aceitunas, sustituya la endibia por 4 corazones de alcachofa en aceite, escurridos y finamente picados. Utilice aceitunas verdes en lugar de las negras y sustituya la ralladura de naranja por 1 cucharadita de limón en conserva lavado, seco y picado fino.

arroz silvestre con salmón ahumado

4 raciones
tiempo de preparación
10 minutos
tiempo de cocción **45 minutos**

300 ml de **agua**
125 g de **arroz silvestre**
200 g de **salmón ahumado**,
    cortado en tiras
1 cucharada de **semillas**
    de sésamo tostadas
sal y **pimienta**

para la **vinagreta**
½ cucharadita de **mostaza**
    de Dijon fina
1 cucharada de **vinagre de sidra**
3 cucharadas de **aceite**
    de girasol
1 cucharada de **jarabe de arce**
1 cucharada de **salsa de soja**
sal y **pimienta**

Lleve el agua a ebullición. Añada sal, incorpore el arroz y remueva a fondo. Tape y cueza suavemente durante 45 minutos. El arroz deberá estar cocido pero ofrecer cierta firmeza. Escúrralo en un colador y detenga la cocción debajo del chorro del agua fría. Escurra bien y deje enfriar.

Prepare la vinagreta: vierta la mostaza en un cuenco, añada el vinagre de sidra, el aceite de girasol, el jarabe de arce y la salsa de soja. Mezcle bien y condimente con sal y pimienta.

Ponga el arroz en una ensaladera y coloque sobre él el salmón en tiras. Riéguelo con la salsa y esparza las semillas de sésamo por encima, con un poco de pimienta molida.

Para preparar arroz silvestre con pollo ahumado, sustituya el salmón ahumado por 200 g de tiras de pechuga de pollo ahumado. Reemplace la salsa de soja de la vinagreta por la ralladura y el zumo de 1 lima y añada 2 cucharadas de cilantro picado.

ensalada de arroz cítrico

4 raciones
tiempo de preparación
15 minutos
tiempo de cocción **15 minutos**

120 g de **arroz de grano largo**
1 **naranja**
1 **pomelo**
1 cucharada de **hierbas frescas**
  picadas (perejil, cebollinos,
  estragón y perifollo)
12 **pistachos** tostados

para la **salsa**
6 cucharadas de **zumo**
  de naranja
5 cucharadas de **zumo**
  de pomelo
1 cucharada de **miel**
2 cucharadas de **aceite**
  de girasol
1 cucharadita de **raíz**
  de jengibre fresco, rallado
sal y **pimienta**

Prepare el arroz al estilo criollo (*véanse* págs. 10-13) durante 15 minutos en abundante agua hirviendo; deberá estar bien cocido, pero ofrecer cierta firmeza. Páselo por un colador y detenga la cocción bajo el chorro del agua fría; escurra a fondo y deje enfriar.

Pele la naranja y el pomelo. Retire las membranas blancas y fibrosas y corte la carne en dados grandes.

Ponga el arroz en una ensaladera y añada los dados de naranja y de pomelo.

Prepare la salsa: bata juntos el zumo de naranja, el zumo de fruta, la miel y el aceite de girasol. Condimente con sal y pimienta. Añada el jengibre rallado y mezcle bien.

Rocíe la ensalada de arroz con la salsa. Esparza las hierbas picadas y decore con los pistachos.

Para preparar una ensalada de cítricos y langostinos, hierva 6 langostinos en un poco de caldo de pescado o vegetal, ligeramente condimentado con pimentón y sal, y mézclelos con el arroz y los cítricos.

tomates cherry y secados al sol

4 raciones

tiempo de preparación
10 minutos

tiempo de cocción **15 minutos**

300 ml de **agua**
120 g de **arroz de grano largo**
12 **tomates cherry**
100 g de **tomates secados al sol en aceite**
1 **cebolla roja** pequeña
10 **aceitunas negras** pequeñas
5 **hojas de albahaca**
100 g de **tirabeques hervidos**
sal y **pimienta**

para la **vinagreta**
1 cucharada de **vinagre balsámico**
1 cucharadita de **mostaza**
3 cucharadas de **aceite de oliva aromatizado con albahaca**
sal

Lleve el agua a ebullición. Añada sal, incorpore el arroz y remueva. Tape y reduzca el fuego. Cueza suavemente unos 15 minutos. El arroz deberá estar bien cocido, pero ofrecer cierta firmeza. Páselo por un colador y detenga la cocción bajo el chorro del agua fría; escurra a fondo y deje enfriar.

Lave los tomates cherry y séquelos con cuidado. Escurra los tomates secados al sol y córtelos en tiras finas. Corte la cebolla roja en rodajas finas. Enjuague y deshuese las aceitunas. Lave las hojas de albahaca y córtelas en tiras.

Prepare la vinagreta: vierta el vinagre en un cuenco y añada la mostaza, el aceite de oliva y la sal. Bata vigorosamente.

Ponga el arroz, los tirabeques, los tomates cherry y las tiras de tomates secados al sol en una ensaladera. Añada la cebolla, las aceitunas y la albahaca; rocíe con la vinagreta y adorne generosamente con pimienta. Sírvala bien fría.

Para preparar ensalada a la nizarda, esparza algunos trozos de atún y dos huevos duros cortados en gajos sobre el arroz. Añada unas anchoas previamente enjuagadas en agua fría y secadas con papel de cocina. Sustituya las hojas de albahaca por 1 cucharada de perejil picado, y los tirabeques por judías verdes. Para la vinagreta, emplee vinagre de vino tinto en lugar del balsámico, y aceite de oliva aromatizado con ajo en vez del aromatizado con albahaca.

ensalada de hinojo y manzana

4 raciones
tiempo de preparación
  15 minutos
tiempo de cocción **15 minutos**

300 ml de **agua**
120 g de **arroz de grano largo**
2 **bulbos de hinojo** pequeños
3 **manzanas ácidas**,
  como Granny Smith
el zumo de 1 **lima**
sal

Lleve el agua a ebullición en una cacerola grande. Añada sal; incorpore el arroz y remueva. Tape y reduzca el calor. Cueza suavemente durante unos 15 minutos. El arroz deberá estar bien cocido, pero ofrecer cierta firmeza. Páselo por un colador y detenga la cocción bajo el chorro del agua fría; escurra a fondo y deje enfriar.

Lave el hinojo. Corte el bulbo en cuartos y, a continuación, en dados. Pele las manzanas y córtelas en cuartos; retire las semillas y corte en dados pequeños. Rocíe el hinojo y las manzanas con el zumo de lima.

Ponga el hinojo y las manzanas troceadas en una ensaladera, con el arroz.

Para preparar cóctel de hinojo y queso de cabra, vierta un poco de arroz en 4 recipientes de cristal pequeños y cúbralo con la ensalada de hinojo y manzana. Esparza por encima 2 cucharaditas de queso de cabra blando. Adorne con nueces picadas o con unas láminas finas de champiñones mini ligeramente condimentadas con zumo de limón.

ensalada de manzana, pera y nueces

4 raciones
tiempo de preparación
  15 minutos
tiempo de cocción **15 minutos**

300 ml de **agua**
120 g de **arroz de grano largo**
2 **manzanas ácidas**
2 **peras**
la ralladura y el zumo
  de 1 **limón**
un puñado de **nueces** peladas
sal

para la **vinagreta**
1 cucharadita de **mostaza**
  de grano entero
1 cucharada de **vinagre de sidra**
1 cucharadita de **aceite**
  de nueces
2 cucharaditas de **aceite**
  de girasol
sal y **pimienta**

Lleve el agua a ebullición en una cacerola grande. Añada
sal e incorpore el arroz. Remueva, tape y reduzca el calor.
Cueza suavemente unos 15 minutos. El arroz deberá estar
bien cocido, pero ofrecer cierta firmeza. Páselo por un colador
y detenga la cocción bajo el chorro del agua fría; escurra
a fondo y deje enfriar.

Pele las manzanas y las peras. Retire las semillas y trocee
las frutas en dados pequeños. Rocíe con zumo de limón.

Prepare la vinagreta: vierta la mostaza de grano entero en
un cuenco, incorpore el vinagre y un poco de sal; bata y añada
los 2 aceites gota a gota, sin dejar de remover. Añada pimienta.

Ponga el arroz, las manzanas y las peras troceadas, y finalmente
las nueces peladas, en una fuente grande. Espolvoree con la
ralladura del limón y rocíe con la vinagreta.

Para preparar ensalada de melocotón con jamón, utilice
arroz silvestre, como se indica en la receta, pero durante
45 minutos. Sustituya las manzanas y las peras por 2 melocotones
maduros troceados, rociados con zumo de limón (para retirar
la piel de los melocotones, colóquelos durante 30 segundos
en agua hirviendo; inmediatamente después, sumérjalos en
agua helada: las pieles deberán poder retirarse con suma
facilidad). Ponga el arroz, los melocotones, el jamón y las nueces
peladas en una fuente grande; espolvoree con la ralladura
de limón y rocíe la vinagreta.

queso feta y aceitunas *kalamata* en vinagreta

4 raciones
tiempo de preparación
10 minutos
tiempo de cocción **15 minutos**

300 ml de **agua**
120 g de **arroz de grano largo**
4 **tomates**
1 **cebolla blanca**
1 **diente de ajo**
200 g de **queso feta**
20 **aceitunas** *kalamata*
1 cucharada de **alcaparras en vinagre**
4 cucharadas de **perejil** finamente picado
algunas hojas de **albahaca**
sal

para la **vinagreta**
1 cucharada de **vinagre de vino blanco**
3 cucharadas de **aceite de oliva**
una pizca de **tomillo** fresco
sal y **pimienta**

Lleve el agua a ebullición en una cacerola grande. Añada sal e incorpore el arroz. Remueva, tape y reduzca el calor. Cueza suavemente unos 15 minutos. El arroz deberá estar bien cocido, pero ofrecer cierta firmeza. Páselo por un colador y detenga la cocción bajo el chorro del agua fría; escurra a fondo y deje enfriar.

Lave y seque los tomates. Trocéelos en dados grandes. Pele y pique la cebolla y el ajo. Corte el queso feta en dados pequeños. Corte las aceitunas en tiras finas. Escurra las alcaparras.

Ponga el arroz en una ensaladera. Cubra con el tomate, la cebolla, el ajo, el queso feta en dados, las aceitunas, las alcaparras y el perejil picado.

Para preparar la vinagreta: mezcle el vinagre con una pizca de sal y, a continuación, añada el aceite de oliva, gota a gota, sin dejar de batir. Añada una pizca de tomillo y rocíe sobre la ensalada. Muela un poco de pimienta sobre ella.

Enjuague y seque las hojas de albahaca y córtelas en tiras finas. Colóquelas sobre la ensalada justo antes de servir.

Para preparar salsa de queso feta, aceitunas *kalamata*, miel y mostaza, bata 2 cucharadas de mostaza de grano entero, 2 cucharaditas de miel clara y 2 cucharadas de vinagre de vino blanco. Añada 3 cucharadas de aceite de oliva, gota a gota, sin dejar de batir como si fuera una mayonesa. Rocíe la vinagreta sobre la ensalada, como se ha indicado, obviando el tomillo.

arroz frito especiado con ensalada de espinacas

3-4 raciones
tiempo de preparación
  10 minutos
tiempo de cocción **10 minutos**

4 **huevos**
2 cucharadas de **jerez**
2 cucharadas de **salsa de soja clara**
1 manojo de **cebollas tiernas**
4 cucharadas de **aceite de cacahuete**
75 g de **anacardos sin sal**
1 **pimiento verde**, sin semillas y picado finamente
½ cucharadita de **polvo de cinco especias chinas**
250 g de **arroz de grano largo cocido**
150 g de **espinacas baby**
100 g de **brotes de soja** o 50 g de **brotes de guisantes**
sal y **pimienta**
salsa de guindilla dulce, para servir

Bata los huevos con el jerez y 1 cucharada de la salsa de soja en un cuenco pequeño. Corte 2 cebollas tiernas en sentido longitudinal, en trozos de 7 cm de largo, y de nuevo en tiras finas. Reserve en una fuente con agua muy fría para que las puntas se ricen ligeramente. Pique el resto de las cebollas tiernas; mantenga separadas las partes verdes de las blancas.

Caliente la mitad del aceite en una sartén grande o en el wok y saltee los anacardos y las partes verdes de las cebollas tiernas, removiendo hasta que los anacardos estén ligeramente dorados. Escurra con la ayuda de una espumadera.

Añada las partes blancas de las cebollas tiernas a la sartén y saltee durante 1 minuto. Incorpore los huevos batidos y cueza, sin dejar de remover, hasta que el huevo empiece a parecer revuelto.

Agregue el pimiento verde y el polvo de cinco especias con el aceite restante y cueza durante un minuto. A continuación, añada el arroz hervido y las espinacas con el resto de la salsa de soja, mezclando bien los ingredientes hasta que estén bien aglutinados y las espinacas estén incorporadas.

Vuelva a poner los anacardos y las cebollas tiernas en la sartén junto con los brotes de soja o de guisantes, y condimente al gusto. Reparta en los platos, esparza las tiras de cebollas tiernas rizadas por encima y sirva con salsa de guindilla dulce.

Para preparar arroz frito con maíz baby, sustituya las espinacas por ½ col china pequeña, cortada en tiras, y 200 g de maíz baby. Añádalo a la sartén con el pimiento verde.

ensalada de arroz silvestre y pavo

4 raciones
tiempo de preparación
10 minutos, más tiempo
de enfriado
tiempo de cocción **50 minutos**

300 g de **arroz silvestre**
2 **manzanas verdes**,
cortadas en rodajas finas
75 g de **pacanas**
la ralladura y el zumo
de 2 **naranjas**
60 g de **arándanos**
3 cucharadas de **aceite de oliva**
2 cucharadas de **perejil** picado
4 **filetes de pavo**, cada uno
de unos 125 g
sal y **pimienta**

Lleve el agua a ebullición en una cacerola grande. Añada sal
e incorpore el arroz. Remueva, tape y reduzca la temperatura de
la fuente de calor. Cueza suavemente durante unos 45 minutos.
El arroz deberá estar bien cocido, pero ofrecer cierta firmeza.
Páselo por un colador y detenga la cocción bajo el chorro
del agua fría; escurra a fondo y deje enfriar.

Incorpore las manzanas al arroz con las pacanas, la ralladura
y el zumo de las naranjas y los arándanos. Condimente al gusto
con sal y pimienta.

Mezcle el aceite y el perejil. Corte los filetes de pavo por
la mitad o en tercios, en sentido longitudinal, y pincele con la
mezcla. Caliente una sartén sin dejar que humee y fría el pavo
2 minutos por cada lado. Trocee el pavo; coloque los trozos
junto a la ensalada de arroz y sirva inmediatamente.

**Para preparar chuletas de cerdo cítricas con ensalada
de arroz silvestre**, bata la cáscara y el zumo de 1 naranja,
2 cucharadas de mermelada de naranja, 1 cucharada de
salsa de soja y 1 cucharada de salsa de guindilla dulce. Caliente
una sartén grande a fuego fuerte y fría 4 chuletas de cerdo
de 175 g durante 2 minutos por cada lado. Coloque las chuletas
sobre una placa de hornear forrada con papel de aluminio y
úntela con el adobo. Precaliente el horno a 180 °C y hornee
durante 10-15 minutos, hasta que las chuletas estén bien
hechas. Prepare la ensalada como se indica en la receta
y sírvala con las chuletas de cerdo encima.

ensalada de arroz y pollo

4 raciones
tiempo de preparación
10 minutos, más tiempo
de enfriado
tiempo de cocción **12 minutos**

4 **muslos de pollo**, deshuesados
y pelados
175 g de **arroz de grano largo**
2 cucharaditas de **zumo
de limón**
2 cucharaditas de **mantequilla
de cacahuete** (opcional)
2 cucharadas de **aceite de oliva**
2 **rodajas de piña**, picadas
1 **pimiento rojo**, sin membranas
ni semillas, picado
75 g de **tirabeques**, en rodajas
4 cucharadas de **cacahuetes**
(opcional)

Coloque los muslos de pollo en una vaporera dispuesta sobre agua hirviendo durante 10-12 minutos hasta que estén cocidos. Alternativamente, hiérvalos a fuego lento en agua en una sartén durante 10 minutos. Retírelos de la vaporera o de la sartén y déjelos enfriar.

Mientras tanto, cueza el arroz en una cacerola grande con agua hirviendo, durante 12 minutos. Escurra el arroz y enjuáguelo bajo el chorro del agua fría hasta que se haya enfriado por completo. Páselo a un cuenco grande.

Prepare la salsa: mezcle el zumo de limón y la mantequilla de cacahuete, si la utiliza, hasta que estén bien aglutinados. Incorpore el aceite y bata.

Corte los muslos de pollo en dados, del tamaño de un bocado, e incorpórelos al arroz. Añada la piña, el pimiento rojo, los tirabeques y los cacahuetes, si los utiliza. Reparta la salsa sobre la ensalada de arroz y pollo y sirva.

Para preparar ensalada de arroz y gambas, elabore la salsa de cacahuetes como se indica en la receta. Sustituya el pollo por 150 g de gambas hervidas peladas mezcladas con 2 cucharadas de semillas de sésamo tostadas. Trocee ¼ de pepino y añádalo al arroz, con la salsa de cacahuete, las gambas y las semillas.

pequeños
bocados

bolas de arroz con leche de coco

4-6 raciones
tiempo de preparación **5
 minutos**, más 1 hora de remojo
tiempo de cocción **10 minutos**

200 g de **arroz glutinoso**
120 ml de **leche de coco**
una pizca de **sal**

Ponga el arroz en un cuenco grande y añada agua hasta
cubrirlo. Déjelo en remojo al menos durante 1 hora; escúrralo
y envuélvalo en un paño limpio.

Caliente el agua del compartimento inferior de una arrocera
o vaporera. Coloque el paño que contiene el arroz en el
compartimento superior. Tape y deje cocer al vapor durante
10 minutos.

Desenvuelva el paño, deje que el arroz se enfríe durante
1 minuto y páselo a una fuente profunda.

Mézclelo con la leche de coco, espolvoree con sal y sirva
caliente.

Utilice tazas para café pequeñas como molde para el arroz.
Deles la vuelta sobre platos pequeños.

Puede comerlas con los dedos o con una cuchara pequeña.

Para preparar bolas de arroz con coco y mango, trocee
la carne de un cuarto de mango en dados e incorpore al
arroz hervido antes de añadir la leche de coco y la sal. Ponga
el arroz en moldes pequeños y refrigere hasta que esté bien
frío. Para servir, deles la vuelta sobre platos pequeños y decore
con una rodaja de mango.

rollitos de primavera de gamba

4 raciones
tiempo de preparación
   25 minutos, más15 minutos
   de remojo
tiempo de cocción **5 minutos**

30 g de **fideos de arroz finos**
200 g de **gambas crudas
   peladas**
200 g de **pechuga de pollo**
1 **zanahoria**, rallada
1 **diente de ajo**, picado
1 cucharada de **coco**, rallado
12 **obleas para rollos
   de primavera**
aceite vegetal
sal y **pimienta**
ramitas de menta fresca
   y **salsa especiada**, para servir

Ponga los fideos de arroz en un cuenco; cubra con agua caliente y deje en remojo durante 15 minutos. Cuézalos durante 3 minutos en una cacerola con agua salada hirviendo; a continuación, escúrralos.

Trocee finamente las gambas y la pechuga de pollo y páselas a un cuenco grande. Añada los fideos finos, la zanahoria rallada, el ajo picado y el coco rallado y mezcle bien. Condimente y vuelva a remover.

Ablande las obleas para rollos de primavera sumergiéndolas durante un instante en un plato con agua ligeramente azucarada; retire el exceso de humedad y colóquelas extendidas sobre la superficie de trabajo. Ponga un poco del relleno sobre cada tortita, doble los extremos hacia dentro y enróllelos con firmeza.

Fría los rollos en abundante aceite vegetal, muy caliente, y deje escurrir sobre papel de cocina.

Sírvalos calientes con un poco de menta fresca y salsa especiada.

Para preparar rollos de primavera de cigalas, sustituya las gambas por 200 g de cigalas, y la pechuga de pollo por 200 g de pechuga de pavo. Añada a la mezcla para el relleno ½ cucharadita de guindilla roja seca en polvo.

rollitos de primavera de pollo

4 raciones
tiempo de preparación
35 minutos, más 30 minutos
de remojo
tiempo de cocción **5 minutos**

4 **setas negras fragantes**
40 g de **fideos de arroz finos**
200 g de **filetes de cerdo**,
en dados
200 g de **pechuga de pollo**,
en dados
1 **zanahoria**, rallada
1 **diente de ajo**, picado
1 cucharadita de **raíz
de jengibre fresco** rallado
1 cucharada de **nuoc-mâm**
(salsa de pescado vietnamita)
12 **obleas para rollos
de primavera**
aceite vegetal
sal y **pimienta**
hojas de lechuga y **salsa
especiada**, para servir

Remoje las setas negras en un cuenco con agua caliente
durante 30 minutos. Déjelas escurrir, séquelas y píquelas
finamente.

Ponga los fideos finos de arroz en un cuenco grande; cubra
con agua caliente y deje en remojo durante 15 minutos.
Cuézalos durante 3 minutos en una sartén con agua salada
hirviendo. Escúrralos.

Incorpore el cerdo, el pollo, los fideos de arroz, las setas,
la zanahoria, el ajo, el jengibre y el nuoc-mâm a un cuenco
grande. Condimente y mezcle bien.

Ablande las obleas para rollitos de primavera sumergiéndolas
durante un instante en un plato con agua ligeramente
azucarada; a continuación, elimine el exceso de humedad
y colóquelas extendidas sobre la superficie de trabajo. Vierta
un poco del relleno en cada oblea, doble los extremos hacia
dentro y enróllelos con firmeza.

Fría los rollitos de primavera en aceite vegetal muy caliente
y elimine el exceso de grasa con papel de cocina.

Sirva los rollitos de primavera calientes con unas hojas
de ensalada y una salsa especiada.

Para preparar rollitos de primavera de cerdo y gambas,
sustituya el pollo por 200 g de gambas crudas peladas, en
trozos pequeños, y las setas negras por 4 rebozuelos frescos.
Enjuáguelas bajo el chorro del agua fría; escúrralas rápidamente
y séquelas bien con un paño limpio. Píquelas.

rollitos de primavera de gambas con menta

4 raciones
tiempo de preparación
25 minutos, más 15 minutos
de remojo
tiempo de cocción 3 **minutos**

40 g de **fideos de arroz finos**
unas **hojas de ensalada verdes**
50 g de **brotes de soja**
12 **obleas para rollos
de primavera**
150 g de **zanahoria** rallada
200 g de **gambas cocidas,
peladas**
2 cucharadas de **menta**
finamente picada
1 cucharada de **hojas de
cilantro** finamente picadas
unas cuantas **cebollas tiernas**,
en rodajas
salsa de guindilla, dulce
o picante, según el gusto,
para servir

Ponga los fideos de arroz finos en un cuenco grande; cubra
con agua caliente y deje en remojo durante 15 minutos. Cueza
durante 3 minutos en una sartén con agua salada hirviendo.
Escúrralos.

Lave y seque las hojas de ensalada y los brotes de soja.

Remoje las obleas para rollitos de primavera durante
un instante en un plato con agua ligeramente azucarada;
a continuación, elimine el exceso de humedad y colóquelas
extendidas sobre la superficie de trabajo. Ponga un poco
del relleno en cada oblea, doble los extremos hacia dentro
y enróllelos con firmeza.

Coloque una rodajita de cebolla tierna encima de cada rollito
de primavera y sírvalos con la salsa de guindilla.

Para preparar rollitos de primavera de pato ahumado,
sustituya las gambas por 200 g de pechuga de pato ahumado
troceado fino y la menta por 1 cucharada de albahaca tailandesa
finamente picada y una cucharada de hojas de salvia, también
picada fina.

cucuruchos de salmón y eneldo

4 raciones
tiempo de preparación
10 minutos, más 45 minutos
de reposo
tiempo de cocción **12 minutos**

para el **arroz**
200 g de **arroz para** *sushi*
250 ml de **agua**
80 ml de **vinagre de arroz japonés**
2 cucharadas de **azúcar blanquilla**
½ cucharadita de **sal**

para la **guarnición**
6 láminas de alga **nori**
250 g de **salmón ahumado**
salsa de soja japonesa (*shoyu*)
pasta de *wasabi*
jengibre encurtido japonés
(*gari*)
unas **ramitas de eneldo**

Prepare el arroz para *sushi* (*véase* pág. 26).

Corte las láminas de nori en 4 piezas.

Trocee el salmón ahumado en tiras.

Ponga la salsa de soja, la pasta de *wasabi*, el jengibre encurtido y las ramitas de eneldo en diferentes cuencos para servir.

Coloque las piezas de nori y el salmón en tiras sobre un plato.

Permita que cada comensal se prepare sus propios cucuruchos: en primer lugar, deberán esparcir un poco de arroz sobre las láminas de nori; a continuación, un poco de *wasabi*, jengibre y eneldo antes de enrollar los cucuruchos y sumergirlos brevemente en la salsa de soja.

Para preparar cucuruchos de salmón ahumado y aguacate, pele un aguacate y corte la carne en tiras. Rocíelas con el zumo de 1 limón y colóquelas en un plato con el alga nori y el salmón. Sustituya el eneldo por hojas de berros.

cucuruchos de huevas de pescado

4 raciones
tiempo de preparación
45 minutos, más 10 minutos
de reposo
tiempo de cocción **12 minutos**

para el **arroz**
200 g de **arroz para** *sushi*
250 ml de **agua**
80 ml de **vinagre de arroz**
japonés
2 cucharadas de **azúcar**
blanquilla
½ cucharadita de **sal**

para la **guarnición**
6 láminas de alga **nori**
salsa de soja japonesa (*shoyu*)
pasta de *wasabi*
jengibre encurtido japonés
(*gari*)
unas **hojas de albahaca**
200 g de **huevas de salmón**
o **de bacalao**

Prepare el arroz para *sushi* (*véase* pág. 26).

Corte las láminas de nori en 4 piezas.

Ponga la salsa de soja, la pasta de *wasabi*, el jengibre encurtido y las hojas de albahaca en diferentes cuencos para servir.

Coloque las piezas de nori y las huevas de pescado sobre un plato.

Permita que cada comensal se prepare sus propios cucuruchos: en primer lugar, deberán esparcir un poco de arroz sobre las láminas de nori; a continuación, un poco de *wasabi* y jengibre antes de enrollar los cucuruchos y sumergirlos brevemente en la salsa de soja.

Para preparar cucuruchos de pescado crudo, sustituya las huevas de pescado por 200 g de atún cortado muy fino, como para *sashimi*, condimentado con un poco de pimienta de Sichuan. Sustituya la albahaca por cilantro.

cucuruchos de aguacate y cangrejo

4 raciones
tiempo de preparación
10 minutos, más 45 minutos
de reposo
tiempo de cocción **12 minutos**

para el **arroz**
200 g de **arroz para *sushi***
250 ml de **agua**
80 ml de **vinagre de arroz
japonés**
2 cucharadas de **azúcar
blanquilla**
½ cucharadita de **sal**

para la **guarnición**
6 láminas de alga **nori**
1 **aguacate**
el zumo de 1 **limón**
salsa de soja japonesa (*shoyu*)
pasta de *wasabi*
jengibre encurtido japonés
(*gari*)
100 g de **carne de cangrejo**,
hervida y sin caparazón

Prepare el arroz para *sushi* (*véase* pág. 26).

Corte las láminas de nori en 4 piezas.

Pele el aguacate y córtelo en tiras finas. Rocíe con el zumo de limón.

Ponga la salsa de soja, la pasta de *wasabi* y el jengibre encurtido en diferentes cuencos para servir.

Coloque las piezas de nori, las tiras de aguacate y el cangrejo sobre un plato.

Permita que cada comensal se prepare sus propios cucuruchos: en primer lugar, deberán esparcir un poco de arroz sobre las láminas de nori; a continuación, un poco de *wasabi* y un poco de la guanición antes de enrollar los cucuruchos y sumergirlos brevemente en la salsa de soja.

Para preparar cucuruchos de aguacate y pollo ahumado, sustituya el cangrejo por 100 g de pechuga de pollo ahumada, troceada. Sustituya el zumo de limón por el de 2 limas.

cucuruchos vegetarianos

4 raciones
tiempo de preparación
10 minutos, más 45 minutos
de reposo
tiempo de cocción **12 minutos**

para el **arroz**
200 g de **arroz para** *sushi*
250 ml de **agua**
80 ml de **vinagre de arroz**
japonés
2 cucharadas de **azúcar**
blanquilla
½ cucharadita de **sal**

para la **guarnición**
6 láminas de alga **nori**
1 **pepino**
salsa de soja japonesa (*shoyu*)
pasta de *wasabi*
jengibre encurtido japonés
(*gari*)
12 **hojas de albahaca**
2 cucharadas de **semillas**
de sésamo tostadas

Prepare el arroz para *sushi* (*véase* pág. 26).

Corte las láminas de nori en 4 piezas.

Lave el pepino y córtelo por la mitad, en sentido longitudinal, y, a continuación, en tiras de 4 cm.

Vierta la salsa de soja, la pasta de *wasabi*, el jengibre encurtido, las hojas de albahaca y las semillas de sésamo en diferentes cuencos para servir.

Coloque las piezas de nori y el pepino sobre un plato.

Permita que cada comensal se prepare sus propios cucuruchos: en primer lugar, deberán esparcir un poco de arroz sobre las láminas de nori; a continuación, añadir el pepino antes de enrollar los cucuruchos y sumergirlos brevemente en la salsa de soja.

Para preparar cucuruchos de tofu y berenjena, corte 100 g de tofu ahumado en rodajas finas y colóquelas sobre un plato con el alga nori. Corte una berenjena pequeña en sentido longitudinal, en rodajas finas; pincele cada una con un poco de aceite por ambos lados y áselas o fríalas hasta que estén doradas. Vuelva a trocearlas y colóquelas en lugar de las tiras de pepino.

hojas de parra al limón

4-6 raciones
tiempo de preparación
35 minutos
tiempo de cocción **1 hora**

200 g de **arroz redondo**
300 g de **carne de cordero picada**
3 **hojas de menta**, picadas finas
1 manojo de **perejil de hoja plana**, picado fino
la ralladura de 1 **limón**
1 **cebolla**
1 cucharada de **aceite de oliva**
3 **dientes de ajo**, pelados
250 g de **hojas de parra**
1 l de **caldo vegetal caliente**
el zumo de 2 **limones**
una pizca de **canela en grano**
sal y **pimienta**

Lave bien el arroz bajo el chorro del agua fría.

Mezcle la carne de cordero, la menta, el perejil y la ralladura de limón. Condimente generosamente y vuelva a mezclar.

Pele y pique la cebolla.

Caliente el aceite de oliva en una sartén antiadherente; añada la cebolla y deje que adquiera color. Agregue el arroz y vaya incorporando el aceite hasta que tenga un aspecto transparente. Añada la mezcla de la carne de cordero. Remueva y deje cocer durante 5 minutos.

Aclare y escurra las hojas de parra y colóquelas sobre la superficie de trabajo. Ponga una porción de la mezcla preparada en medio de una hoja, doble los extremos y enrolle la hoja firmemente. Prepare el resto de las hojas del mismo modo.

Coloque las hojas rellenas en una sartén. Añada los dientes de ajo y el caldo vegetal caliente; cubra con agua si es necesario. Lleve al punto de ebullición a fuego lento, tape y cueza unos 40 minutos. Incorpore el zumo de limón y la canela y deje cocer durante 8-10 minutos más. Sirva caliente.

Para preparar hojas de parra rellenas con lentejas verdes del Puy, sustituya el cordero por 200 g de lentejas verdes del Puy cocinadas siguiendo las instrucciones del paquete; utilice arroz integral redondo. Mezcle las lentejas hervidas y el arroz con la menta, el perejil y la ralladura de limón y añada la mezcla a las cebollas fritas. Retire de la fuente de calor. Prepare las hojas de parra y cocínelas como se indica en la receta.

bolas de gamba y coco

4-6 raciones
tiempo de preparación
15 minutos, más 10 minutos
de reposo
tiempo de cocción **15 minutos**

180 g de **arroz redondo**
300 ml de **agua**
1,5 l de **leche de coco**
la ralladura de 1 **limón**
400 g de **gambas peladas
crudas**
1 cucharadita de **raíz de
jengibre fresco**, picado
1 **yema de huevo**
1 rebanada de **pan blanco**,
sin corteza
1 cucharadita de **maicena**
sal y **pimienta**

Prepare el arroz. Enjuáguelo varias veces bajo el chorro del agua fría hasta que el agua salga clara. Escúrralo en un colador y páselo a una cacerola de fondo grueso. Cubra con el agua y añada el condimento. Lleve a ebullición, tape, reduzca el calor y cueza durante unos 15 minutos.

Retire la cacerola del fuego cuando el arroz esté hervido y déjelo en reposo, tapado, durante unos 10 minutos. Ahueque los granos de arroz con un tenedor.

Mientras tanto, vierta la leche de coco y la ralladura de limón en una cacerola de fondo grueso. Añada pimienta y lleve al punto de ebullición a fuego lento.

Corte las gambas en trozos grandes y colóquelas en el robot de cocina con el jengibre, la yema de huevo, el pan blanco y la maicena. Añada un poco de pimienta en grano y bata bien. Con las manos, haga bolas de tamaños similares con la mezcla. Póngalas en la cacerola con la leche de coco y deje que cuezan a fuego lento durante unos 8 minutos.

Escurra el exceso de aceite de las bolas y sirva de inmediato, con el arroz.

Para preparar albóndigas de cerdo al curry, sustituya las gambas por 400 g de carne de cerdo picada y dore las albóndigas en una sartén ligeramente engrasada con aceite, por tandas si fuera necesario, antes de incorporarlas a la leche de coco. Cuando caliente la leche de coco, sustituya la ralladura de limón y la pimienta por 3-4 cucharadas de pasta de curry tailandesa roja.

wok

ternera adobada con naranja

4 raciones
tiempo de preparación
20 minutos, más 10 minutos
de reposo
tiempo de cocción **15 minutos**

400 g de **filetes de ternera**
3 cucharadas de **salsa de soja**
la cáscara de 1 **naranja**, cortada
en tiras finas
180 g de **arroz de grano largo**
300 ml de **agua**
1 cucharada de **aceite
de cacahuete**
3 **cebollas** grandes, cortadas
en rodajas
sal y **pimienta**

Corte los filetes de ternera en tiras finas de 5-6 cm de longitud. Colóquelas en una fuente y vierta por encima la salsa de soja, mezclando bien de modo que se asegure de que la ternera quede bien untada con la salsa. Tape y guarde en el frigorífico mientras cocina el arroz.

Prepare el arroz: aclárelo repetidamente bajo el chorro del agua fría hasta que ésta salga clara; escurra con un colador. Ponga el arroz en una cacerola de fondo grueso. Añada el agua y los condimentos. Lleve a ebullición, tape, reduzca la temperatura de la fuente de calor y cueza unos 15 minutos. Retire la cacerola del fuego y deje reposar, tapado, unos 10 minutos. Ahueque el arroz removiendo con la ayuda de palillos.

Caliente el aceite de cacahuete en el wok. Vierta en él las tiras de ternera y saltee a fuego bastante fuerte; reserve y mantenga caliente sobre la rejilla del wok.

Saltee las cebollas en el wok. Añada las tiras de cáscara de naranja. Remueva y, a continuación, añada la ternera. Condimente y cueza durante 1 minuto.

Sirva inmediatamente, acompañado de arroz blanco.

Para preparar carne de cerdo adobada con aceite de argán, corte en tiras de 5-6 cm de longitud 400 g de solomillo de cerdo; adobe como se indica en la receta. Utilice la cáscara de 1 limón en lugar de la de naranja, y sustituya el aceite de cacahuete por aceite de argán tostado.

cerdo a las cinco especias

4 raciones
tiempo de preparación
20 minutos
tiempo de cocción **5 minutos**

1 cucharada de **aceite
de cacahuete**
½ **pimiento rojo**, cortado
en tiras finas
400 g de **solomillo de cerdo**,
en dados
1 cucharadita de **polvo de
cinco especias chinas
o curry en polvo**
200 g de **arroz de grano
largo cocido**
sal y **pimienta**

Caliente el aceite en el wok. Ponga las tiras de pimento rojo y saltéelos durante 1 minuto. Añada los trozos de carne de cerdo y saltee a fuego fuerte durante unos 2 minutos o hasta que estén dorados. Condimente y rocíe con el polvo de cinco especias chinas o el curry en polvo.

Incorpore el arroz al wok. Reduzca la temperatura de la fuente de calor y cueza durante 2-3 minutos más.

Sirva inmediatamente.

Para preparar ternera a las cinco especias con *pak choi*, sustituya la carne de cerdo por 400 g de filetes de ternera cortados en dados. Corte las hojas de una cabeza grande de *pak choi* en rodajas de 2 cm y trocee sus tallos a un tamaño de 1 cm. Saltee los tallos de *pak choi* con 200 g de tirabeques en ½ cucharada de aceite en un wok aparte o en una sartén durante 2-3 minutos. A continuación, añada las hojas de *pak choi* y vuelva a saltear. Cueza la ternera como se indica en la receta e incorpore el *pak choi* y los tirabeques justo antes de servir.

arroz con langostinos y coco

4 raciones
tiempo de preparación
10 minutos, más 10 minutos
de reposo
tiempo de cocción **15 minutos**

4 cucharadas de **aceite
de cacahuete**
250 g de **arroz aromático
tailandés**
1 cucharadita **de semillas
de comino**
1 rama pequeña de **canela**
4 **hojas de lima**
400 ml de **leche de coco**
150 ml de **agua**
1 cucharadita de **sal**
2 **dientes de ajo**, picados
1 trozo de 2,5 cm de **raíz fresco
de jengibre**, pelado y rallado
1 pizca de **guindillas secas
en polvo**
500 g de **langostinos** crudos,
pelados y limpios
2 cucharadas de **salsa
de pescado tailandesa**
1 cucharada de **zumo de lima**
2 cucharadas de **hojas frescas
de cilandro** picado
25 g de **cacahuetes tostados**,
picados, para decorar

Caliente la mitad del aceite en una cacerola y saltee el arroz sin dejar de removerlo hasta que todos los granos queden brillantes. Añada las semillas de comino, la rama de canela, las hojas de lima, la leche de coco, el agua y la sal. Lleve a ebullición y cueza a fuego lento durante 10 minutos. Retire del fuego, tape y deje reposar otros 10 minutos.

Mientras tanto, caliente el aceite restante en un wok y saltee el ajo, el jengibre y la guindilla sin dejar de remover durante 30 segundos. Añada los langostinos y sofría removiendo 3-4 minutos más, hasta que adquieran un tono rosado.

Añada el arroz con coco sin dejar de remover, junto con la salsa de pescado, el zumo de lima y el cilantro. Sirva decorando con los cacahuetes.

Para preparar arroz con coco y judías de soja con lima y tomates cherry, hierva 250 g de arroz, y añada las semillas de comino, la rama de canela, las hojas de lima, la leche de coco, el agua y la sal como se indica en la receta. Agregue 175 g de judías de soja en lugar de langostinos. Pique ligeramente un puñado grande de hojas de cilantro frescas y parta 175 g de tomates cherry. Añádalos al arroz con 1 cucharada de zumo de lima y la ralladura fina de 1 lima. Saltee sin dejar de remover durante 3-4 minutos, hasta que se cocinen, y sirva inmediatamente.

ternera con jengibre y tomate

4 raciones
tiempo de preparación
15 minutos
tiempo de cocción **10 minutos**

400 g de **filete de ternera**
1 cucharada de **aceite vegetal**
1 cucharadita **de raíz de jengibre fresco** rallado
1 cucharadita de **tomate concentrado**
1 pizca de **azúcar blanquilla**
2 cucharadas de **salsa de soja**
400 g de **arroz de grano largo cocido**
sal y pimienta

Corte el filete de ternera en tiras finas de unos 4-5 cm.

Caliente el aceite en un wok y añada el jengibre rallado. Rehóguelo brevemente en el aceite con una cuchara de madera, y añada el tomate concentrado y el azúcar.

Incorpore las tiras de ternera al wok; sofría sin dejar de remover durante 2-3 minutos y añada, a continuación, la salsa de soja. Retire la carne, apártela y manténgala caliente sobre la rejilla del wok.

Ponga el arroz en el wok y cuézalo durante 2-3 minutos.

Disponga las tiras de carne sobre el arroz y sirva inmediatamente.

Para preparar pollo con tomate y salsa de cacahuete, sustituya la ternera por 400 g de filete de pechuga de pollo. Caliente el aceite como se indica en la receta y añada dos dientes de ajo picados con el jengibre. Añada el tomate concentrado, el azúcar y el pollo; saltee durante 2-3 minutos, y añada 2 cucharadas de mantequilla de cacahuete o de girasol y 2-3 cucharadas de agua, prescindiendo de la salsa de soja. Sazone al gusto, retire del wok y reserve en lugr cálido mientras calienta el arroz.

albóndigas de cordero con arroz blanco

4-6 raciones
tiempo de preparación
 25 minutos
tiempo de cocción **25 minutos**

1 manojo pequeño de **perejil**,
 picado
600 g de **cordero** picado
2 pizcas de **canela molida**
2 **huevos**
40 g de **piñones**
1 cucharada de **harina**
2 cucharadas de **aceite vegetal**
2 **cebollas**, finamente picadas
800 ml de **caldo vegetal**
zumo de 2 **naranjas**
200 g de **arroz de grano largo**
sal y **pimienta**

Lave y seque el perejil y píquelo finamente.

Ponga el cordero en un cuenco; espolvoréelo con la canela molida, sazone y añada los huevos, los piñones, la harina y el perejil picado. Mezcle bien y forme las albóndigas de tamaño uniforme con las manos.

Caliente 1 cucharada del aceite en un wok y saltee las cebollas hasta que cambien de color. Añada las albóndigas, girándolas con la espátula hasta que adquieran un color dorado. Cubra con 500 ml de caldo. Lleve a ebullición y añada la sal, un poco de pimienta y el zumo de naranja. Cocine a fuego lento durante unos 15 minutos.

Mientras tanto, caliente el aceite restante en una cacerola. Añada el arroz, removiéndolo hasta que adquiera un color translúcido. Vierta el caldo remanente, añada sal y pimienta y lleve a ebullición. Tape y deje cocer a fuego lento unos 15 minutos.

Sirva las albóndigas con el arroz.

Para preparar albóndigas al grill con yogur, mezcle 500 g de cordero picado con 125 g de miga de pan, 1 cebolla rallada, 1 diente de ajo picado, 1 huevo, 1 cucharada de perejil picado y 1 cucharadita de comino molido. Mezcle bien y forme albóndigas de tamaño uniforme con las manos. Cocine durante 7-10 minutos sobre una superficie engrasada bajo el grill del horno precalentado a nivel medio-alto, y deles la vuelta frecuentemente hasta que estén doradas. Sirva con arroz y 250 ml de yogur mezclado con ¼ de pepino pelado y cortado en dados, 1 diente de ajo picado y 2 cucharadas de menta finamente picada.

verduritas y setas negras

4 raciones

tiempo de preparación
   20 minutos, más 30 minutos
   de tiempo de rehidratación,
   más 10 minutos de tiempo
   de reposo
tiempo de cocción **20 minutos**

6 **setas negras deshidratadas**
200 g de **arroz de grano largo**
300 ml de **agua**
150 g de **judías verdes** finas,
   lavadas y despuntadas
120 g de **brécol**
1 cucharada de **aceite vegetal**
1 **calabacín**, cortado en tiras
   finas
1 **zanahoria**, cortada
   en tiras finas
1 cucharadita de **raíz**
   de jengibre fresco rallado
sal y **pimienta**

Ponga las setas en un cuenco y cúbralas con agua tibia.
Deje que se rehidraten durante unos 30 minutos.

Ponga el arroz en una cacerola de fondo grueso. Añada
el agua y salpimiente. Lleve a ebullición, tape, baje el fuego
y cueza durante unos 15 minutos. Retire el recipiente del fuego,
déjelo reposar, tapado, durante unos 10 minutos. Ahueque
el arroz removiéndolo con la ayuda de unos palillos chinos.

Mientras tanto, corte las judías verdes en trozos de unos
4 cm. Parta el brécol en ramitos. Lávelos y escúrralos. Escurra
bien las setas, elimine los pies y corte el resto en láminas finas.

Caliente el aceite en un wok. Saltee todas las verduras
unos 3-4 minutos. Sazone con sal y pimienta, y espolvoree
con el jengibre rallado. Sirva con el arroz caliente.

Para preparar verduras con garbanzos, sustituya las
setas negras por 200 g de champiñones castaña cortados
en cuartos. Corte el calabacín y la zanahoria en rodajas
diagonales. Saltee el jengibre rallado en el aceite en el wok
y añada las verduras salteando durante 3 minutos. Incorpore
400 g de garbanzos en conserva, previamente escurridos
y saltee 2 minutos más, sin dejar de remover.

pilaf con azafrán y pollo

4 raciones
tiempo de preparación
 15 minutos
tiempo de cocción **35 minutos**

1 ½ cucharaditas de **azafrán
 en polvo**
300 ml de **agua**
1 cucharada de **aceite vegetal**
4 **dientes de ajo**, picados finos
4 **escalonias** picadas
1 cucharada de **raíz de jengibre
 fresco** rallado
200 g de **arroz basmati**
2 pizcas de **pimentón en** polvo
200 g de **filete de** cerdo,
 en dados
200 g de **pechuga de** pollo,
 en dados
sal y **pimienta**

Disuelva el azafrán en el agua y caliente a fuego lento
en una cacerola.

Caliente el aceite en un wok. Añada el ajo, las escalonias
y el jengibre rallado. Cueza durante 2 minutos y añada el arroz.
Remueva continuamente hasta que se vuelva translúcido.
Añada el agua con el azafrán, sazone y espolvoree con el
pimentón. Llévelo a ebullición, tápelo y déjelo cocer durante
15-20 minutos.

Mientras tanto, saltee los dados de cerdo y pollo en una
cacerola ligeramente engrasada con aceite hasta que adquieran
un color dorado.

Sirva el arroz como base y coloque la carne encima.

Para preparar arroz pilaf con tofu y setas, sustituya
el filete de cerdo y la pechuga de pollo por 200 g de tofu,
cortado en dados de 2 cm, y 200 g de setas *shiitake*. Saltee
los dados de tofu en una cacerola ligeramente engrasada
con aceite hasta que adquieran un tono dorado; añada las
setas *shiitake* y saltee 2-3 minutos más. Añada 1 cucharadita
de salsa de soja antes de servir.

zanahorias, brotes de soja y tirabeques

4 raciones
tiempo de preparación
15 minutos, más 10 minutos
de reposo
tiempo de cocción **15 minutos**

200 g de **arroz de grano largo**
350 ml de **agua**
200 g de **tirabeques**
2 **zanahorias**
120 g de **brotes de soja**
1 **diente de ajo**
1 cucharada de **aceite vegetal**
1 cucharadita de **raíz de
jengibre fresco** rallado
3 cucharaditas de **salsa de soja**
1 pizca de **azúcar blanquilla**
80 ml de **agua caliente**
sal y **pimienta**

Coloque el arroz en una cacerola de fondo grueso. Añada el agua y salpimiente al gusto. Lleve a ebullición y tape. Reduzca el fuego y cueza unos 15 minutos. Retire la cacerola del fuego y deje reposar, tapado, unos 10 minutos. Airee el arroz removiéndolo con unos palillos chinos.

Elimine las puntas de los tirabeques, retirando cualquier resto fibroso. Enjuáguelos y escúrralos; córtelos por la mitad. Pele y ralle las zanahorias. Seleccione los brotes de soja, lávelos en agua fría y escúrralos. Pele y pique el ajo finamente.

Caliente el aceite en un wok. Saltee rápidamente el ajo y el jengibre y añada los tirabeques, las zanahorias y los brotes de soja. Saltee durante 2-3 minutos e incorpore la salsa de soja, el azúcar y el agua caliente. Cubra y deje cocer a fuego lento durante 3 minutos.

Sirva las verduras con el arroz caliente.

Para preparar salteado de verduras con nueces y semillas, cubra 75 g de anacardos y 25 g de semillas de girasol con 1 cucharadita de salsa *tamari* (salsa de soja japonesa) y tueste bajo el grill a nivel medio durante 4-5 minutos hasta que estén dorados. Esparza sobre las verduras antes de servir.

arroz cantonés básico

4 raciones
tiempo de preparación
   10 minutos
tiempo de cocción **15 minutos**

100 g de **guisantes** tiernos
   desvainados
2 **huevos**, batidos
2 lonchas gruesas de **jamón
   dulce**
1 cucharada de **aceite vegetal**
180 g de **arroz de grano largo
   cocido**
2 cucharaditas de **salsa de soja**
sal y **pimienta**

Ponga los guisantes en una cacerola con agua salada hirviendo y cuézalos unos 5 minutos. Escurra y aclare con agua fría.

Sale ligeramente los huevos batidos y cocine como si preparara una tortilla. Retírelos de la sartén con una espátula de madera y córtelos en tiras finas.

Corte las rebanadas de jamón en dados pequeños.

Caliente el aceite en un wok; añada el arroz y cueza durante 2 minutos. Añada los guisantes, los dados de jamón y las tiras de tortilla. Vierta la salsa de soja, salpimiente, remueva bien y sirva.

Para preparar arroz cantonés con pollo y gambas, saltee 125 g de pechuga de pollo cortada en dados con 2 dientes de ajo picados durante 3 minutos; añada 125 g de gambas cocidas peladas y cocine 1 minuto más. Incorpore los ingredientes restantes como se indica en la receta.

arroz frito chino con gambas

4 raciones
tiempo de preparación
   10 minutos, más 15 minutos
   de tiempo de rehidratación
tiempo de cocción **15 minutos**

80 g de **gambas deshidratadas**
2 **huevos**, batidos
100 g de **guisantes** tiernos
   frescos, desvainados
2 **cebollas** tiernas
1 **escalonia**
125 g de **cerdo asado**
1 cucharada de **aceite vegetal**
180 g de **arroz de grano largo
   cocido**
2 cucharaditas de **salsa de soja**
sal y **pimienta**

Coloque las gambas en un cuenco, cúbralas con agua tibia y deje que se rehidraten durante 15 minutos.

Haga una tortilla con los huevos y córtela en tiras finas. Cueza los guisantes en agua hirviendo durante 5 minutos.

Lave las cebollas tiernas y córtelas en trozos pequeños. Pele y pique la escalonia. Corte el cerdo asado en dados pequeños. Pele las gambas, si no lo están.

Caliente el aceite en un wok y saltee la escalonia picada hasta que cambie de color. Añada el arroz cocido y caliente durante 2 minutos. Añada las gambas, los dados de cerdo, las tiras de tortilla, las cebollas tiernas y los guisantes. Rocíe con la salsa de soja, salpimiente, remueva y sirva.

Para preparar arroz chino frito con cintas de beicon, omita las gambas y el cerdo asado. Cocine la escalonia picada como se indica en la receta; añada ½ guindilla roja finamente picada y 1 cucharada de raíz de jengibre fresco rallado al aceite; a continuación agregue 125 g de cintas de beicon al wok y cocine 2 minutos más. Termine de elaborar el plato como se indica en la receta.

arroz frito chino con pimiento rojo

4 raciones
tiempo de preparación
10 minutos
tiempo de cocción **15 minutos**

2 **huevos**, batidos
100 g de **guisantes** tiernos
frescos, desvainados
1 cucharada de **aceite vegetal**
2 **cebollas**, picadas
1 **escalonia**, picada
½ **pimiento rojo**, cortado
en dados pequeños
125 g de **arroz de grano largo
cocido**
100 g de **gambas cocidas
peladas**
2 cucharaditas de **salsa de soja**
sal y **pimienta**

Haga una tortilla con los huevos y córtela en tiras finas.
Cocine los guisantes 5 minutos en agua hirviendo y escúrralos.

Caliente el aceite vegetal en un wok. Añada las cebollas
y la escalonia y cueza unos minutos hasta que cambien de color.
Añada los dados de pimiento rojo y saltee 1 minuto más.
Incorpore el arroz y cocine durante 2 minutos.

Añada las gambas, los guisantes y las tiras de tortilla.
Incorpore la salsa de soja, salpimiente, remueva y sirva.

Para preparar arroz frito chino con tofu, omita el huevo
y las gambas. Saltee 200 g de tofu cortado en dados en
1 cucharada de aceite vegetal sazonado con 1 diente de ajo
picado y 1 cucharadita de raíz fresca de jengibre rallada, hasta
que esté dorado; retire del wok y escurra sobre papel de cocina.
Fría las cebollas y la escalonia como se indica en la receta,
añadiendo más aceite vegetal al wok si fuera necesario. Añada
los dados de pimiento rojo y continúe según las instrucciones,
incorporando el tofu al wok con los guisantes.

arroz frito chino con salchichas

4 raciones
tiempo de preparación
   10 minutos
tiempo de cocción **15 minutos**

100 g de **brécol**
100 g de **guisantes** tiernos
   frescos desvainados
2 **huevos**, batidos
2 **salchichas ahumadas**
2 **cebollas tiernas**
120 g de **arroz de grano largo
   cocido**
2 cucharaditas de **salsa de soja**
sal y **pimienta**

Lave el brécol, escúrralo y córtelo en ramitos. Cuézalo 4 minutos
en una cacerola con agua salada hirviendo; aclárelo bajo
el chorro del agua fría y escurra bien. Cueza los guisantes
durante 5 minutos en agua hirviendo.

Haga una tortilla con los huevos y córtela en tiras finas. Corte
las salchichas en rodajas. Lave y seque las cebollas tiernas
y píquelas finamente.

Caliente el aceite en un wok; añada el arroz y déjelo calentar
durante 2 minutos. Añada las rodajas de salchicha, las tiras
de huevo, el brécol, los guisantes y las cebollas tiernas. Rocíe
con la salsa de soja, salpimiente, remueva y sirva.

**Para preparar arroz silvestre con salchichas ahumadas
y pollo**, sustituya el arroz de grano largo por 120 g de arroz
silvestre cocido. Prescinda de los huevos y añada 175 g de pollo
ahumado en tiras deshebrado, con las salchichas y las verduras.
Añada unas gotas de aceite de sésamo antes de servir.

nasi goreng

4 raciones
tiempo de preparación
10 minutos
tiempo de cocción **10 minutos**

2 cucharadas de **aceite vegetal**
150 g de **pechuga de pollo
deshuesada y pelada**,
cortada en dados pequeños
50 g de **gambas cocidas
peladas**, descongeladas
si son congeladas
1 **diente de ajo**, picado
1 **zanahoria**, rallada
¼ de **col blanca** en tiras
muy finas
1 **huevo**, batido
300 g de **arroz basmati cocido**
frio
2 cucharadas de **kecap manis**
(salsa de soja dulce)
½ cucharadita de **aceite
de sésamo**
1 cucharada de **salsa
de guindilla**
1 **guindilla roja**, sin semillas y
cortada en tiras, para decorar

Caliente el aceite en un wok o sartén grande; añada el pollo y saltee durante 1 minuto sin dejar de remover. Incorpore las gambas, el ajo, la zanahoria y la col y saltee durante 3-4 minutos más.

Añada el huevo y extiéndalo utilizando una cuchara de madera. Cocínelo hasta que cuaje y, a continuación, añada el arroz y rompa el huevo, incorporándolo a la mezcla.

Agregue el *kecap manis*, el aceite de sésamo y la salsa de guindilla hasta que el conjunto esté caliente. Sirva inmediatamente, decorando con las tiras de guindilla.

Para preparar *nasi goreng* vegetariano, aplaste un diente de ajo y saltéelo en 2 cucharadas de aceite con 1 zanahoria picada y ¼ de col blanca picada. Prescinda del pollo y las gambas, pero añada 1 pimiento rojo cortado en tiras finas, 125 g de setas *shiitake* en tiras y 2 cabezas de col china (*pak choi*) ralladas finas. Saltee, sin dejar de remover, 2-3 minutos más hasta que la verdura esté tierna pero aún conserve su forma. Añada los ingredientes restantes y sirva en cuencos precalentados.

con más tiempo

risotto parmesano

4 raciones
tiempo de preparación
5 minutos
tiempo de cocción **25 minutos**

1 l de **caldo de pollo**
2 cucharadas de **aceite de oliva**
2 **escalonias**, finamente picadas
200 g de **arroz para** *risotto*
  superfino (tipo vialone,
  carnaroli o arborio)
50 ml de **vino blanco seco**
20 g de **mantequilla**, en dados
40 g de **queso parmesano**
  recién rallado
perejil finamente picado,
  para decorar

Ponga a calentar ligeramente el caldo de pollo en una cacerola.

Caliente el aceite de oliva en una cacerola de fondo grueso. Añada las escalonias y cueza a fuego lento durante 2 minutos hasta que cambie de color. Añada el arroz y remueva con una espátula durante unos minutos hasta que los granos estén recubiertos con el aceite. Agregue el vino blanco y continúe removiendo.

Añada un cucharón pequeño de caldo a la cacerola; espere a que el arroz absorba el líquido y vuelva a añadir otro cucharón. Continúe incorporando el caldo caliente poco a poco, esperando cada vez hasta que la porción anterior haya quedado totalmente absorbida.

Retire la cacerola con el arroz del fuego y añada los dados de mantequilla y el parmesano rallado. Déjelo reposar brevemente antes de mezclarlos. El arroz debería adquirir una consistencia cremosa. Esparza el perejil picado por encima y sirva inmediatamente.

Para preparar *risotto* **rojo**, sustituya el caldo de pollo por 1 l de caldo vegetal y el *risotto* por 200 g de arroz rojo de la Camarga; cocine como se indica en la receta. Para servir, rocíe con aceite de perejil preparado con 50 ml de aceite de oliva virgen extra mezclado con ¼ de cucharadita de vinagre de jerez, 2 cucharadas de perejil finamente picado, 1 diente de ajo picado y salpimiente al gusto.

risotto al azafrán con setas calabaza

4 raciones
tiempo de preparación
5 minutos
tiempo de cocción **25 minutos**

1 l de **caldo de pollo**
4 hebras de **azafrán**
300 g de **setas calabaza**
40 g de **mantequilla**
1 **cebolla**, finamente picada
4 cucharadas de **perejil**,
picado fino
200 g de *risotto* **superfino
(tipo vialone, carnaroli
o arborio)**
50 ml de **vino blanco seco**
40 g de **queso parmesano**
recién rallado

Caliente en una cacerola el caldo de pollo a fuego lento.
Añada las hebras de azafrán, tape la cacerola y deje infusionar.
Limpie las setas, elimine los pies y corte en dados gruesos.

Funda 20 g de mantequilla en una cacerola antiadherente
y añada la cebolla picada. Cueza hasta que adquiera un tono
dorado y añada las setas. Saltee ligeramente y añada el perejil
picado. Reserve y mantenga al calor.

Derrita la mantequilla restante en una cacerola de fondo
grueso. Añada el arroz. Humedezca con el vino y deje que
los granos absorban el líquido. Retire el azafrán del caldo.

Añada un cucharón de caldo de pollo a la cacerola, espere
a que el arroz absorba el líquido, y, a continuación, añada otro
cucharón de caldo. Continúe incorporando el caldo restante
poco a poco, esperando en cada ocasión hasta que el anterior
haya sido absorbido en su totalidad.

Retire la cacerola de arroz del fuego y añada el parmesano
rallado. Deje reposar unos instantes antes de incorporarlo.
El arroz adquirirá una consistencia cremosa. Añada las setas
cortadas en dados y mézclelas bien. Sirva inmediatamente.

Para preparar *risotto* **con setas** *shiitake*, sustituya las setas
calabaza por 300 g de setas *shiitake* cortadas en láminas finas.
No utilice azafrán y añada ½ cucharadita de pimentón dulce
ahumado a la cacerola al cocinar las cebollas.

risotto de guisantes y langostinos

6 raciones
tiempo de preparación
5 minutos
tiempo de cocción **40 minutos**

500 g de **langostinos enteros**
125 g de **mantequilla**
1 **cebolla**, finamente picada
2 **dientes de ajo**, picados
200 g de **arroz para** *risotto*
375 g de **guisantes frescos**
150 ml de **vino blanco seco**
1,5 l de **caldo vegetal caliente**
4 cucharadas de **menta** picada

Pele los langostinos y reserve las cabezas y los caparazones. Derrita 100 g de mantequilla en una sartén grande y fría las cabezas y los caparazones durante 3-4 minutos. Cuele y vuelva a poner la mantequilla a la sartén sin las cabezas ni los caparazones.

Añada la cebolla y el ajo y cueza 5 minutos hasta que estén tiernos pero no dorados. Añada el arroz y remueva bien para impregnar los granos con la mantequilla. Incorpore los guisantes y el vino. Lleve a ebullición y cueza, sin dejar de remover, hasta reducir el volumen a la mitad.

Agregue el caldo caliente, un cucharón cada vez, y cocine, sin dejar de remover hasta que cada adición haya sido absorbida antes de añadir la siguiente. Continúe hasta consumir todo el caldo y que el arroz quede cremoso pero los granos mantengan su firmeza. Este proceso suele durar unos 20 minutos.

Derrita la mantequilla restante en una sartén aparte. Añada los langostinos y fríalos, sin dejar de remover, durante 3-4 minutos. Incorpore al arroz junto con los fondos de la sartén y la menta, y salpimiente a su gusto.

Para preparar pasteles de *risotto* **de guisantes y langostinos**, cocine el *risotto* como se indica en la receta, y enfríelo. Incorpore 2 huevos batidos y 50 g de queso parmesano rallado. Con las manos humedecidas, forme pequeñas bolas aplanadas de unos 10 cm de diámetro. Caliente aceite vegetal en una sartén; fría las bolas, por tandas, durante 3-4 minutos por cada lado hasta que adquieran un color dorado y estén bien calientes. Retire del fuego con una espumadera y reserve al calor mientras fríe las demás. Sirva con una ensalada verde fresca.

risotto nero

4 raciones
tiempo de preparación
5 minutos
tiempo de cocción **1 hora**

1 l de **caldo de pollo**
2 cucharadas de **aceite de oliva**
200 g de **riso** *venere nero*
integrale (arroz integral negro
Venus)
20 g de **mantequilla**, en dados
40 g de **queso parmesano**
recién rallado

Ponga el caldo de pollo en una cacerola y caliente a fuego lento.

Caliente el aceite de oliva en una cacerola de fondo grueso. Añada el arroz, dórelo unos segundos y remueva con una espátula para asegurar que los granos queden recubiertos de aceite.

Añada un cucharón pequeño de caldo de pollo a la cacerola; deje que el arroz absorba el líquido, y, a continuación, agregue otro cucharón de caldo. Continúe añadiendo el caldo caliente restante poco a poco, esperando cada vez hasta que el último cucharón haya sido absorbido en su totalidad.

Retire la cacerola de arroz del fuego. Añada la mantequilla en dados y el parmesano rallado. Déjelo reposar brevemente antes de incorporarlos. El arroz adquirirá una consistencia cremosa. Sirva caliente.

Para preparar *risotto* **negro primavera**, pele 200 g de espárragos; corte cada uno en diagonal en cuatro porciones y cocínelos en agua hirviendo sin sal durante 3-4 minutos, en función de su grosor. Escurra y seque con papel de cocina. Cueza 125 g de habitas en agua hirviendo sin sal durante 4 minutos, añadiendo 125 g de guisantes tiernos después de 2 minutos. Escurra las habitas y los guisantes, y sumérjalos inmediatamente en agua helada; escúrralos de nuevo. Cocine el *risotto* como se indica en la receta, utilizando 1 l de caldo vegetal en lugar del caldo de pollo. Añada la verdura al *risotto* justo antes de finalizar la cocción para calentar todo el conjunto.

risotto de cangrejos

4 raciones
tiempo de preparación
  10 minutos
tiempo de cocción **30 minutos**

50 g de **mantequilla**
2 **escalonias**, picadas finas
1 **guindilla roja suave**, cortada
  en tiras finas
1 cucharadita de **pimentón
  suave**
1 **diente de ajo**, picado
300 g de **arroz para** *risotto*
1 vaso de **vino blanco seco**,
  alrededor de 150 ml
unas cuantas **ramas de tomillo
  limonero**
aprox. 1,2 l de **caldo de pescado
  o caldo de pollo**, **caliente**
3 cucharadas de **estragón
  fresco** picado grueso
300 g de **colas de cangrejos
  de río en salmuera**, escurridas
sal
queso parmesano recién rallado,
  para decorar

Derrita la mitad de la mantequilla en una cacerola grande
o sartén profunda y fría las escalonias a fuego lento hasta que
estén tiernas. Añada la guindilla, el pimentón y el ajo, y sofríalos
a fuego lento durante 30 segundos, sin que el ajo se dore.

Incorpore el arroz y fríalo suavemente durante 1 minuto,
sin dejar de remover. Agregue el vino y déjelo burbujear hasta
que esté prácticamente evaporado.

Añada el tomillo y un cucharón del caldo y cueza, sin dejar
de remover, hasta que el arroz haya absorbido prácticamente
todo el caldo. Continúe cocinando, añadiendo un cucharón de
caldo cada vez y dejando que el arroz absorba la mayor parte
del caldo antes de añadir uno nuevo. Una vez que el arroz
esté tierno pero ofrezca cierta firmeza, el *risotto* estará listo.
Requerirá unos 25 minutos. Es posible que no utilice todo
el caldo.

Agregue el estragón, las colas de cangrejos y la mantequilla
restante y caliente a fuego lento durante 1 minuto. Añada
un poco de sal si fuera necesario y sirva inmediatamente,
decorando con parmesano y berros, si así lo desea.

Para preparar un *risotto* **de langostinos**, cocine 350 g
de langostinos crudos y pelados en la mantequilla, como
se indica en la receta, hasta que adquieran un color rosado.
Escúrralos y vuelva a ponerlos en la cacerola en el cuarto paso.
Omita la guindilla y sustituya las escalonias por un manojo de
cebollas tiernas picadas.

risotto verde

4 raciones
tiempo de preparación
10 minutos
tiempo de cocción **30 minutos**

125 g de **mantequilla**
1 cucharada de **aceite de oliva**
1 **diente de ajo**, aplastado
   o picado
1 **cebolla** en dados pequeños
300 g de **arroz para** *risotto*
1 l de **caldo vegetal**, **caliente**
125 g de **judías verdes**,
   cortadas en trozos pequeños
125 g de **guisantes** frescos
   desvainados
125 de **habas**
125 de **espárragos**, cortados
   en trozos pequeños
125 de **espinacas baby**
   cortadas en trozos pequeños
75 ml de **vermut seco**
   o **vino blanco**
2 cucharadas de **perejil** picado
125 g de **queso parmesano**
   recién rallado
sal y **pimienta**

Derrita la mitad de la mantequilla con el aceite en una cacerola grande. Añada el ajo y la cebolla y sofría suavemente durante 5 minutos.

Agregue el arroz y remueva bien para cubrir todos los granos con la mantequilla y el aceite. Añada caldo suficiente para que apenas cubra el arroz y remueva bien. Deje cocer a fuego lento, removiendo con frecuencia, hasta que la mayor parte del líquido quede absorbido.

Añada más caldo y remueva bien. Continúe la adición de caldo, en pequeñas porciones cada vez, sin dejar de remover hasta que quede absorbido y el arroz esté cocido pero ofrezca cierta firmeza. Este proceso requerirá unos 25 minutos. Es posible que no necesite todo el caldo. Unos 5 minutos antes de finalizar el tiempo de cocción, añada las verduras y el vermut o el vino y mezcle bien.

Retire la cacerola del fuego, salpimiente y añada la mantequilla restante, el perejil y el queso parmesano. Mezcle bien y sirva.

Para preparar *risotto* **de azafrán y tomate**, omita los guisantes, los espárragos y las espinacas de la receta. Añada 75 g de piñones a la cacerola al derretir la mantequilla. Sofría hasta que se doren, y escúrralos antes de añadir el ajo y las cebollas. Agregue al arroz 1 cucharada de hebras de azafrán desmenuzadas. Incorpore 200 g de tomates cherry en mitades al final del tercer paso, y cocínelos durante 2-3 minutos hasta que se calienten, y, finalmente, los piñones y un puñado de hojas de albahaca cortadas en tiras.

risotto de calabaza

4 raciones
tiempo de preparación
  15 minutos
tiempo de cocción **30 minutos**

2 cucharadas de **aceite de oliva**
1 **cebolla**, finamente picada
500 g de **calabaza**, pelada,
  sin semillas y cortada
  en dados grandes
250 g de **arroz para** *risotto*
900 ml de **caldo claro de ave**
75 g de **queso parmesano**
  recién rallado, y algo más
  para servir
4 cucharadas de **piñones**,
  tostados
250 g de **hojas de espinaca**
  frescas

Caliente el aceite en una sartén grande de fondo grueso y sofría la cebolla y la calabaza a fuego lento o moderado durante 10 minutos hasta que estén blandas.

Añada el arroz y cuézalo durante 1 minuto; agregue la mitad del caldo. Lleve a ebullición, reduzca el fuego y cueza a fuego lento durante 5 minutos hasta que casi todo el caldo haya quedado absorbido, removiendo ocasionalmente.

Continúe añadiendo cacitos de 150 ml de caldo y cueza a fuego lento hasta que casi todo el caldo haya sido absorbido antes de añadir el siguiente. Cuando el arroz esté tierno, retire la cacerola del fuego; añada el parmesano, los piñones y las espinacas y remueva bien para incorporar y cocinar las espinacas. Vuelva a calentar durante 1 minuto más si es necesario.

Sirva en cuencos precalentados espolvoreando con parmesano recién rallado.

Para preparar *risotto* **de pollo y guisantes**, sustituya la calabaza por 3 pechugas de pollo de 150 g cada una, cortadas y doradas con la cebolla. Cocine como se indica en la receta, añadiendo 125 g adicionales de guisantes congelados y las espinacas, si lo desea. Sirva espolvoreando con el parmesano adicional.

risotto de remolacha

4 raciones
tiempo de preparación
5-10 minutos
tiempo de cocción **30 minutos**

1 cucharada de **aceite de oliva**
15 g de **mantequilla**
1 cucharadita de **semillas
de cilantro** molidas
4 **cebollas tiernas**,
en rodajas finas
400 g de **remolacha** hervida,
cortada en dados de 1 cm
500 g de **arroz para** *risotto*
1,5 l de **caldo vegetal caliente**
200 g de **queso crema**
4 cucharadas de **eneldo**,
picado fino
sal y **pimienta**
ramas de eneldo y **crema
acidificada**, para decorar

Caliente el aceite y la mantequilla en una cacerola grande.
Añada las semillas de cilantro molidas junto con las cebollas
tiernas y saltee removiendo enérgicamente durante 1 minuto.

Añada la remolacha y el arroz. Cueza, removiendo, durante
2-3 minutos para recubrir todos los granos con el aceite
y la mantequilla. Añada el caldo caliente gradualmente,
1 cucharón cada vez, removiendo con frecuencia hasta
que cada cucharón quede absorbido antes de añadir
el siguiente. Esto debería requerir unos 25 minutos,
hasta que el arroz esté cocido pero ofrezca cierta firmeza.

Incorpore el queso crema y el eneldo y sazone al gusto.
Sirva inmediatamente, decorando con las ramas de eneldo
y un poco de crema acidificada, si lo desea.

Para preparar *risotto* **de espinacas y limón**, caliente el aceite
y la mantequilla y sofría 2 escalonias finamente picadas y
2 dientes de ajo picados durante 3 minutos. Incorpore 300 g
de arroz para *risotto* y añada gradualmente 1 l de caldo vegetal
como se indica en la receta. Antes de añadir la última porción
de caldo, agregue 500 g de espinacas picadas, la ralladura
y el zumo de 1 limón, y sazone. Suba el fuego y remueva; a
continuación, añada el caldo restante con 50 g de mantequilla
y deje cocer unos minutos. Incorpore 50 g de parmesano
rallado. Decore con más parmesano y ralladura de limón, si lo
desea, antes de servir.

risotto de jamón y boniato

4 raciones
tiempo de preparación
5 minutos
tiempo de cocción **25 minutos**

2 **boniatos** medianos, limpios
  y cortados en trozos de 1 cm
50 g de **mantequilla**
1 manojo de **cebollas tiernas**
  cortadas en rodajas finas
375 g de **arroz para** *risotto*
2 **hojas de laurel**
1,2 l de **caldo vegetal**
  o de pollo, caliente
3 cucharadas de **aceite de oliva**
75 g de **jamón de Parma,**
  troceado
25 g de **hierbas frescas**
  variadas, como perejil,
  perifollo, estragón y cebollino,
  picadas
sal y **pimienta**

Cueza los boniatos en agua hirviendo, con un poco de sal, durante 2-3 minutos para ablandarlos. Escúrralos y resérvelos.

Mientras tanto, derrita la mantequilla en una cacerola grande de fondo grueso. Añada las cebollas tiernas y saltee 1 minuto. Agregue el arroz y remueva bien para recubrir todos los granos con la mantequilla.

Añada las hojas de laurel al arroz. Agregue el caldo caliente, un cucharón cada vez, removiendo hasta que cada adición sea absorbida por el arroz. Continúe añadiendo caldo de esta manera, cociendo hasta que el arroz quede cremoso pero los granos mantengan cierta firmeza. Este proceso requerirá unos 20 minutos.

Mientras tanto, caliente 1 cucharada de aceite en una sartén y dore el jamón. Escurra y reserve al calor. Añada el aceite restante y fría los boniatos, removiéndolos con frecuencia, durante 6-8 minutos, hasta que estén dorados.

Agregue las hierbas al *risotto* y sazone al gusto con sal y pimienta. Luego, añada el jamón y los boniatos incorporándolos con suavidad. Tape y deje que el *risotto* repose unos minutos antes de servirlo.

Para preparar *risotto* de tomate, jamón y *brie*, parta 8 tomates pera por la mitad; sazónelos y rocíelos con 3 cucharadas de aceite de oliva. Hornee, en el horno precalentado a 200 °C, durante 30 minutos hasta que estén suaves y ligeramente chamuscados. Deje enfriar. Cocine el *risotto* como se indica en la receta, incorporando los tomates asados y 125 g de dados de *brie* cremoso al final de la cocción en lugar de los boniatos. Sazone generosamente.

biryani

4 raciones

tiempo de preparación
25 minutos

tiempo de cocción **40 minutos**

3 **cebollas**

2 **dientes de ajo**, picados

25 g de **raíz de jengibre fresco**,
  picado grueso

2 cucharaditas de **cúrcuma
  molida**

¼ de cucharadita de **clavos
  molidos**

½ cucharadita de **copos
  de guindilla deshidratada**

¼ de cucharadita de **canela
  en polvo**

2 cucharaditas de **pasta
  de curry amarillo**

1 cucharada de **zumo de limón**

2 cucharaditas de **azúcar
  blanquilla**

300 g de **pollo magro, pechuga
  de pavo** o **filete de cordero**,
  cortado en trozos pequeños

6 cucharadas de **aceite vegetal**

1 **coliflor** pequeña, cortada
  en ramitos pequeños

2 **hojas de laurel**

300 g de **arroz basmati**

750 ml de **caldo de pollo** o **vegetal**

1 cucharada de **semillas
  de cebollas negras**

sal y **pimienta**

2 cucharadas de **almendras
  laminadas** tostadas,
  para decorar

Pique 1 cebolla y póngala en el robot con el ajo, el jengibre, la cúrcuma, los clavos, los copos de guindilla, la canela, la pasta de curry, el zumo de limón, el azúcar, la sal y la pimienta. Mézclelo hasta que se forme una pasta espesa y pásela a un cuenco. Añada la carne al cuenco y mezcle bien.

Corte la segunda cebolla en rodajas finas. Caliente 5 cucharadas de aceite en una cacerola amplia y fría las rodajas de cebolla hasta que adquieran un color dorado intenso y estén crujientes. Escurra sobre papel de cocina.

Añada la coliflor a la cacerola y fría suavemente durante 5 minutos. Pique la tercera cebolla, añádala a la sartén y fría suavemente, removiendo durante 5 minutos más hasta que la coliflor adquiera una consistencia tierna y un color dorado. Escúrrala. Caliente el aceite restante en la sartén. Añada la carne con el adobo y fría suavemente durante 5 minutos sin dejar de remover.

Incorpore las hojas de laurel, el arroz y el caldo y lleve a ebullición. Reduzca el fuego y cueza a fuego lento, removiendo ocasionalmente, durante 10-12 minutos, hasta que el arroz esté tierno y haya absorbido el caldo, añadiendo un poco más de agua a la cacerola si la mezcla quedara seca antes de que el arroz esté cocinado. Incorpore las semillas de cebolla. Vuelva a poner la coliflor en el recipiente y caliente. Sirva espolvoreando con la cebolla tostada y las almendras acompañando con una *raita* de pepino (*véase* inferior), si lo desea.

Para preparar una *raita* de pepino y menta, mezcle con cuidado 175 g de yogur natural, 75 g de pepino sin semillas y rallado grueso, 2 cucharadas de menta picada, 1 pizca de comino molido, zumo de limón y sal al gusto. Deje reposar durante 30 minutos.

164

minestrone con menta

4 raciones
tiempo de preparación
10 minutos
tiempo de cocción **30 minutos**

150 g de **judías verdes finas**
1 **tallo de apio**
1 cucharada de **aceite de oliva**
½ **pimiento rojo**, cortado
en dados pequeños
2 **zanahorias**, cortadas
en rodajas finas
1 l de **agua**
80 g de **arroz para** *risotto*
100 g de **guisantes tiernos**
frescos desvainados
2 cucharadas de **hojas**
de menta finamente picadas
80 g de **queso parmesano**,
rallado
sal y **pimienta**

Despunte las judías verdes finas. Lávelas y córtelas en trozos de unos 5 cm de largo. Lave el tallo de apio y córtelo en rodajas finas.

Caliente el aceite en una cacerola y dore ligeramente las judías, el apio, el pimiento y las cebollas unos instantes, sin parar de remover. Sazone.

Añada el agua, lleve a ebullición e incorpore el arroz y los guisantes. Tape la cacerola y deje cocer a fuego lento unos 25 minutos.

Agregue las hojas de menta picadas 5 minutos antes de finalizar la cocción. Añada la pimienta recién molida y cubra con el queso parmesano rallado justo antes de servir.

Para preparar sopa de arroz y alubias, prescinda de las judías verdes finas, el pimiento rojo, las zanahorias y los guisantes. Fría una cabeza de hinojo pequeña, pelado y finamente picado, con el apio. Añada 1 l de caldo vegetal en lugar de agua, y después, el arroz, 400 g de tomates picados en conserva, escurridos, y 400 g de alubias blancas en conserva, escurridas. Sustituya la menta por 2 cucharadas de perejil picado.

lentejas al cilantro

4 raciones
tiempo de preparación
10 minutos
tiempo de cocción **30 minutos**

600 ml de **caldo de pollo**
1 cucharada de **aceite vegetal**
2 **cebollas**, finamente picadas
100 g de **arroz basmati**
100 g de **lentejas rojas**
2 cucharaditas de **cominos**
1 **clavo**
1 **rama de canela** pequeña
2 cucharadas de **hojas**
  de cilantro
sal y **pimienta**

Ponga el caldo de pollo en una cacerola y lleve a ebullición.

Caliente el aceite en una cacerola y sofría las cebollas suavemente hasta que doren. A continuación, retire la mitad de las cebollas y resérvelas.

Añada el arroz y las lentejas a la cacerola y remueva con una cuchara. Agregue el caldo de pollo. Incorpore los cominos, el clavo y la rama de canela. Tape y cueza a fuego lento unos 25 minutos. A continuación, retire del fuego y deje que se enfríe.

Cubra con las cebollas fritas reservadas y las hojas de cilantro justo antes de servir.

Para preparar albóndigas de cordero y coco, como acompañamiento, prepare unas albóndigas pequeñas con 300 g de cordero picado, 1 puñado de cilantro finamente picado, 1 huevo, 100 ml de leche de coco y 2 pizcas de curry en polvo fuerte. Enfríe las albóndigas durante 1 hora en la nevera y fríalas durante 5 minutos en una freidora. Escúrralas cuidadosamente sobre papel de cocina y sírvalas calientes con las lentejas al cilantro.

gazpacho

4 raciones
tiempo de preparación
20 minutos, más 1 hora
y 30 minutos de reposo

3 **dientes de ajo**
5 cucharadas de **aceite de oliva**
500 g de **tomates maduros**
1 **pepino** pequeño
1 **pimiento amarillo**, cortado
en dados pequeños
1 **cebolla**, finamente picada
3 cucharadas de **vinagre
de vino añejo**
4 cucharadas de **arroz
semi-pulido**, cocido
1 chorrito de **Tabasco**
sal y **pimienta**

Pele los dientes de ajo, retire el germen, y májelos en un mortero con una pizca de sal. Incorpore el aceite de oliva y deje reposar durante 20 minutos.

Sumerja los tomates en una cacerola con agua hirviendo durante 1 minuto. Pélelos y corte la carne en dados.

Lave también el pepino, pélelo y córtelo en dados.

Ponga los tomates, el pepino, el pimiento amarillo y la cebolla en el robot; añada el vinagre y el aceite con el ajo y tritúrelos concienzudamente. Incorpore el arroz cocido, añada sal y pimienta y refrigere al menos 1 hora y 30 minutos. Añada un chorrito de salsa Tabasco y sirva frío.

Para preparar sopa fría de espinacas, cueza al vapor 500 g de espinacas limpias y escurridas. Reduzca las espinacas a puré con una picadora manual con 250 ml de caldo vegetal. Agregue 500 g de yogur natural, 2 cebollas tiernas finamente picadas y una pizca generosa de comino. Incorpore 4 cucharadas de arroz semi-pulido cocido, salpimiente y refrigere durante al menos 1 hora y 30 minutos. Sirva frío.

calabacines rellenos

4-6 raciones
tiempo de preparación
25 minutos
tiempo de cocción **30 minutos**

1 **cebolla**, finamente picada
1 cucharada de **aceite de oliva**
1 rama de **tomillo**
8-10 **calabacines** redondos
    pequeños
60 g de **jamón cocido**,
    cortado en dados pequeños
1 **diente de ajo**, picado
60 g de **arroz de grano largo**
    cocido
80 g de **queso parmesano**,
    rallado
7 **hojas de albahaca**, picadas
2 **huevos**
sal y **pimienta**

Sofría suavemente la cebolla con el aceite de oliva y el tomillo en una cacerola durante 5 minutos.

Escalde los calabacines durante 5 minutos en una cacerola con agua hirviendo. Escúrralos; córtelos por la mitad longitudinalmente y vacíelos con una cuchara pequeña.

Reduzca la carne de los calabacines a puré con un tenedor incorporando la cebolla, el jamón, el ajo, el arroz, el parmesano, las hojas de albahaca y los huevos. Sazone al gusto.

Rellene las mitades de calabacín con la masa preparada. Colóquelos en un recipiente refractario e introdúzcalos en el horno, precalentado a 180 °C, durante 25 minutos.

Para preparar calabacines rellenos de avellana, utilice 4-6 calabacines grandes, abiertos longitudinalmente. Retíreles las semillas. Sofría la cebolla y el tomillo en aceite de oliva como se indica en la receta, y luego mézclelos con 1 diente de ajo finamente picado, 60 g de arroz de grano largo cocido, 100 g de avellanas tostadas finamente picadas, 50 g de parmesano rallado, 2 hojas de salvia finamente picadas y 1 huevo batido. Sazone al gusto. Rellene las mitades de calabacín con la mezcla, cubra con rodajas finas de tomate y esparza 25 g de parmesano rallado por encima. Cocine como se ha indicado.

berenjenas rellenas

4 raciones
tiempo de preparación
30 minutos
tiempo de cocción **25 minutos**

4 **berenjenas**
300 g de **cordero picado**
2 pizcas de **canela molida**
1 cucharada de **aceite de oliva**
1 **cebolla**, picada
80 g de **arroz de grano largo**
cocido
20 g de **piñones**
2 cucharadas de **hojas de**
menta, finamente picadas
2 cucharadas de **perejil**
finamente picado
sal y **pimienta**

Enjuague y seque las berenjenas y córtelas longitudinalmente. Vacíe parte de la carne con una cuchara pequeña. Colóquelas en una fuente refractaria e introdúzcalas en el horno precalentado, a 180 °C, unos 10 minutos.

Aderece el cordero con la canela, la sal y la pimienta.

Caliente el aceite de oliva en una cacerola antiadherente. Sofría la cebolla picada hasta que se dore; añada el cordero, el arroz, los piñones, la menta y el perejil picados y mezcle bien.

Rellene las berenjenas con esta mezcla y vuelva a ponerlas en el horno unos 15 minutos más. Si es necesario, ponga un poco de agua en el fondo del recipiente para asegurarse de que no se pegan a éste. Sírvalas calientes o frías.

Para preparar berenjenas rellenas con alubias, utilice 80 g de arroz integral cocido y sustituya el cordero por 400 g de alubias pintas en conserva, escurridas y ligeramente chafadas. Añada 125 g de setas de chopo a la cebolla cocida y fría brevemente antes de añadir los ingredientes restantes.

tomates rellenos

4-6 raciones
tiempo de preparación
25 minutos
tiempo de cocción **40 minutos**

6 **tomates** grandes
200 g de **champiñones pequeños**, cortados
en láminas finas
1 cucharada de **aceite de oliva**
3 cucharadas de **perejil**,
finamente picado
60 g de **arroz de grano largo**
cocido
2 **huevos**
40 g de **queso gruyer**, rallado
2 cucharadas de **albahaca**
finamente picada
1 **diente de ajo**, picado
sal y **pimienta**

Lave y seque los tomates, corte la parte superior y retire
las semillas.

Sofría las setas suavemente en el aceite de oliva en una
cacerola. Sazone, añada el perejil picado y retire del fuego.

Mezcle las setas y el perejil con el arroz, los huevos, el queso,
la albahaca y el ajo. Sazone al gusto. Rellene los tomates
con esta mezcla y colóquelos en una fuente para asar
en el horno precalentado, a 180°C, durante unos 30 minutos.

Para preparar setas rellenas de castañas, prepare el relleno
como se indica en la receta, sustituyendo el queso gruyer por
40 g de queso Stilton desmigajado y la albahaca por 1 cucharada
de salvia finamente picada. Añada 100 g de castañas asadas
picadas al relleno. Reparta esta mezcla entre 4-6 champiñones
grandes y hornee como se indica en la receta.

pimientos rellenos

4-6 raciones
tiempo de preparación
  20 minutos
tiempo de cocción **55 minutos**

150 ml de **agua**
60 g de **arroz de grano largo**
4 **pimientos rojos**
1 **cebolla**
1 cucharada de **aceite de oliva**
200 g de **cordero picado**
20 g de **piñones**
20 g de **pasas**
2 **huevos**
sal y **pimienta**

Lleve el agua a ebullición en una cacerola grande. Añada la sal, incorpore el arroz y remueva. Tape y baje el fuego. Cueza unos 12 minutos. El arroz debe estar cocido pero mantener cierta firmeza. Escurra bien.

Mientras tanto, lave y seque los pimientos, córtelos longitudinalmente por la mitad y retire las semillas.

Pele las cebollas y córtelas en rodajas. Fríalas a fuego lento en una cacerola con el aceite de oliva. Añada el cordero, sazone y mezcle bien. Cocine a fuego lento. Retire del fuego y reserve hasta que se enfríe.

Tueste ligeramente los piñones en una sartén.

Mezcle el arroz, la cebolla, el cordero, los piñones, las pasas y los huevos. Rellene las mitades de pimiento con esta mezcla y póngalas en un recipiente refractario. Añada 2 cucharadas de agua en el fondo del recipiente e introdúzcalo en el horno, precalentado a 180°C, durante 35 minutos.

Para preparar pimientos rellenos con feta, sustituya el cordero por 200 g de queso feta en dados y las pasas por 6 aceitunas verdes picadas gruesas. Añada a la mezcla para el relleno la ralladura de 1 limón y 2 cucharaditas de menta finamente picada.

gratén de arroz, salsa de yogur y guindilla

4-6 raciones
tiempo de preparación
20 minutos
tiempo de cocción **55 minutos**

600 g de **berenjenas**
5 cucharadas de **aceite de oliva**
2 **cebollas**, finamente picadas
500 g de **cordero picado**
300 g de **tomates**, cortados
   en dados
3 pizcas de **canela molida**
1 pizca de **pimentón**
3 **huevos**
50 ml de **leche**
800 g de **yogur cremoso**
2 pizcas de **guindilla en polvo**
180 g de **arroz semi-pulido**
   cocido
120 g de **queso gruyer**, rallado
sal y **pimienta**

Enjuague las berenjenas y córtelas en tiras finas con un pelador de patatas.

Caliente 4 cucharadas de aceite de oliva en una cacerola antiadherente y rehogue suavemente las tiras de berenjena.

Caliente el aceite de oliva restante en otra cacerola y sofría suavemente las cebollas hasta que adquieran un color transparente. Añada el cordero, los dados de tomate, la canela y el pimentón, y salpimiente. Cueza a fuego lento durante unos 10 minutos.

Bata los huevos en un cuenco grande y añada la leche, el yogur y la guindilla en polvo. Mezcle bien.

Engrase ligeramente un recipiente para gratinar. Coloque las berenjenas en el fondo del plato y cubra con arroz. Añada la mezcla de carne, tomate y cebolla. Cubra con la salsa de yogur. Introdúzcalo en el horno, precalentado a 180 °C, unos 35 minutos. Unos 5 minutos antes de finalizar la cocción, espolvoree con gruyer rallado y vuelva a hornear hasta que se dore. Sirva inmediatamente.

Para preparar un gratén de arroz con cardamomo y jengibre, prescinda de las cebollas. Pele y ralle un trozo de 1 cm de jengibre fresco. Caliente 1 cucharada de aceite de oliva con 3 semillas de cardamomo molidas. Incorpore el jengibre y sofríalo suavemente hasta que se ablande antes de añadir la carne.

paella

al estilo paella

4-6 raciones
tiempo de preparación
   15 minutos
tiempo de cocción **25 minutos**

2 pechugas de **pollo**
150 g de **chorizo**
1 l de **caldo de pollo**
1 cucharada de **aceite de oliva**
2 **dientes de ajo**, finamente
   picados
150g de **pimiento verde**,
   en dados
2 **tomates**, en dados
400 g de **arroz redondo**
200 g de **guisantes tiernos**,
   frescos desvainados
2 pizcas de **hebras de azafrán**
1 pizca de **pimentón**
sal y **pimienta**

Corte las pechugas de pollo y el chorizo en dados finos.

Ponga el caldo en una cacerola grande y caliente a fuego lento.

Caliente el aceite de oliva en una paella grande, y sofría el ajo hasta que dore. Añada los dados de pimiento; luego, el pollo y el chorizo. Sazone y cueza a fuego lento, removiendo regularmente. Agregue los tomates en dados y el arroz. Mezcle bien.

Incorpore el caldo y los guisantes, lleve a ebullición y agregue la sal, el azafrán y el pimentón. Cubra y deje cocer unos 10 minutos. Reduzca el fuego y cueza durante 10 minutos más.

Para preparar una paella de marisco, limpie 500 g de mejillones bajo el chorro del agua fría, descartando todos aquellos que no se cierren al tocarlos. Sofría el ajo, el pimiento verde, los tomates, el arroz y los guisantes como se indica en la receta, sustituyendo el caldo de pollo por 1 l de caldo de pescado. Unos 5 minutos antes de finalizar la cocción, añada 300 g de bacalao o de rape cortado en dados, 250 g de langostinos crudos sin pelar y los mejillones. Mueva la sartén para que se mezclen y cocine con suavidad. Antes de servir, retire cualquier mejillón que no se haya abierto.

paella con cinco verduras

4-6 raciones
tiempo de preparación
   25 minutos
tiempo de cocción **25 minutos**

2 **pimientos rojos**
1 **berenjena**
300 g de **judías verdes**
4 **corazones de alcachofa**,
   cocidos
4 **dientes de ajo**
1 l de **caldo de pescado**
1 cucharada de **aceite de oliva**
2 **tomates**, cortados en dados
400 g de **arroz redondo**
unas pizcas de **azafrán en polvo**
1 pizca de **pimentón**
sal y **pimienta**

Lave y escurra los pimientos, la berenjena y las judías verdes.
Retire las semillas de los pimientos y córtelos en dados finos.
Corte la berenjena en dados; las judías verdes, en trozos
pequeños; y los corazones de alcachofa, en dados grandes.
Pele los dientes de ajo, retire el germen y píquelos finamente.

Ponga el caldo en una cacerola grande y caliente a fuego lento.

Caliente el aceite de oliva en una paella grande. Sofría el ajo
hasta que esté dorado y añada los pimientos, las berenjenas
y las judías verdes. Añada sal y pimienta y cocine a fuego lento,
removiendo con regularidad. Añada los corazones de alcachofa
y los tomates en dados.

Agregue el arroz y remueva bien hasta que los granos queden
transparentes. Vierta el caldo, lleve a ebullición, sazone con
la sal y añada el azafrán y el pimiento. Tape y cueza unos
10 minutos, reduzca el fuego y cueza 10 minutos más.

Para preparar escalopes de pollo rellenos, abra
4-6 escalopes de pollo por el centro. Déjelos macerar durante
30 minutos en el zumo de 2 limas. Rellene los escalopes
con la paella de cinco verduras; páselos a una fuente refractaria
engrasada con aceite e introdúzcalos en el horno, precalentado
a 180 °C, durante 12 minutos sin darles la vuelta y rociando
frecuentemente con sus fondos.

paella de pollo y marisco

4 raciones
tiempo de preparación
25 minutos
tiempo de cocción **45 minutos**

150 ml de **aceite de oliva**
150 g de **chorizo**, cortado
en trozos pequeños
4 **muslos de pollo**, deshuesados,
cortados en trozos
300 g de **anillas de calamar**
8 **langostinos crudos grandes**
1 **pimiento rojo** sin semillas
y cortado en trozos pequeños
4 **dientes de ajo**, picados
1 **cebolla**, picada
250 g de **arroz redondo
tipo bomba**
1 cucharadita de **hebras
de azafrán**
450 ml de **caldo de pollo
o pescado**
100 g de **guisantes** o **habas**
frescas, desvainadas
sal y **pimienta**
gajos de limón o **de lima**,
para decorar

Caliente la mitad del aceite en una paella o sartén grande
y fría suavemente el chorizo durante 5 minutos, dándole
la vuelta. Retírelo y resérvelo en un plato. Agregue los muslos
de pollo a la sartén y fríalos unos 5 minutos hasta que estén
cocidos. Páselos al plato. Cocine las anillas de calamar y los
langostinos en el aceite, dando la vuelta una vez a los langostinos
hasta que adquieran un color rosado. Páselos al plato.

Añada el pimiento rojo, el ajo y la cebolla a la paella y fría
suavemente durante 5 minutos hasta que estén tiernos. Incorpore
el arroz, removiendo durante 1 minuto. Añada el azafrán y el
caldo y lleve a ebullición. Reduzca el fuego, cubra con una tapa
u hoja de aluminio y cueza a fuego lento unos 20 minutos
hasta que el arroz esté cocido.

Limpie los mejillones, eliminando las adherencias y las barbas.
Retire cualquier mejillón roto o abierto que no se cierre cuando
lo golpee suavemente con un cuchillo.

Vuelva a poner el chorizo, el pollo, el calamar y los langostinos
en la sartén con los guisantes o las habas y mezcle bien.
Reparta los mejillones sobre la superficie, introduciéndolos
ligeramente en el arroz. Tape y cueza 5 minutos más o hasta que
los mejillones se hayan abierto. Retire aquellos que permanezcan
cerrados. Compruebe la condimentación y sirva decorando con
los gajos de limón o lima.

Para preparar paella de cerdo y marisco, sustituya el pollo
por 400 g de panceta, cortada en dados y cocinada como
se indica en la receta. Sustituya el calamar por 8 vieiras frescas
y los mejillones por la misma cantidad de almejas pequeñas.

paella mar y montaña

4-6 raciones
tiempo de preparación
  25 minutos
tiempo de cocción **25 minutos**

1 l de **caldo de pollo**
12 **langostinos grandes**
2 cucharadas de **aceite de oliva**
2 **dientes de ajo**, finamente
  picados
250 g de **pechuga de pollo**,
  cortada en dados
200 g de **lomo de cerdo**
  en dados
2 **tomates**, en dados
400 g de **arroz redondo**
2 pizcas de **pimentón**
sal y **pimienta**

Vierta el caldo en una cacerola grande y caliente a fuego lento.
Lave y seque los langostinos.

Caliente el aceite de oliva en una paella grande. Sofría
el ajo hasta que se dore, añada los langostinos y fría
durante 2 minutos. Retire del fuego. Añada el pollo y el cerdo.
Salpimiente al gusto. Incorpore los dados de tomate.

Agregue el arroz y remueva bien hasta que los granos adquieran
un color transparente. Añada el caldo y lleve a ebullición. Añada
sal, el azafrán y el pimiento. Tape y cueza durante 10 minutos,
reduzca el fuego, añada los langostinos y cueza 10 minutos más.

Para preparar paella de conejo y judías blancas, ponga
a remojar la víspera 125 g de judías en agua fría abundante.
Escurra las judías, lleve a ebullición en una cacerola con agua,
hierva durante 10 minutos, y cueza a fuego lento durante
1-1 hora y 30 minutos hasta que estén tiernas. Escurra y
reserve. Cocine como se indica en la receta, sin los langostinos
y sustituyendo el lomo de cerdo por 200 g de lomo de conejo
en trozos. Añada las judías en los últimos 10 minutos de cocción.

arroz mexicano

4 raciones
tiempo de preparación
  10 minutos
tiempo de cocción **7 minutos**

2 **calabacines**
1 **pimiento rojo**
1 cucharada de **aceite vegetal**
400 g de **arroz cocido de grano largo**
2-3 pizcas de **guindilla en polvo**
4 cucharadas de **piñones**
4 cucharadas de **hojas de cilantro**
sal y **pimienta**

Lave los calabacines y el pimiento rojo y córtelos en dados pequeños.

Caliente el aceite en una cacerola antiadherente y saltee los dados de verdura durante 5 minutos, removiendo con una cuchara de madera. Salpimiente.

Añada el arroz y la guindilla en polvo a la cacerola y mezcle bien. Caliente durante 1-2 minutos y agregue los piñones.

Sirva caliente, espolvoreado con las hojas de cilantro.

Para preparar arroz mexicano picante con tomatillos, añada a la cacerola con las verduras 2 chiles jalapeños verdes cortados en dados pequeños. Agregue 200 g de tomatillos en conserva (pequeños tomates verdes), escurridos, con el arroz y la guindilla en polvo.

arroz con aceitunas y pimientos

4-6 raciones
tiempo de preparación
15 minutos
tiempo de cocción **20 minutos**

4 **tomates**
2 cucharadas de **aceite de oliva**
1 **pimiento amarillo**, en dados
1 **pimiento rojo**, en dados
4 **dientes de ajo**, finamente
    picados
2 pizcas de **guindilla en polvo**
140 g de **aceitunas**
    deshuesadas
2 **cebollas**, en rodajas
200 g de **arroz de grano largo**
350 ml de **caldo de verdura**
    caliente
sal y **pimienta**

Lave y pele los tomates. Corte la carne en trozos grandes.

Caliente 2 cucharadas del aceite de oliva en una cacerola.
Añada los pimientos en dados y cocine a fuego lento hasta
que estén tiernos. Añada los tomates en dados y el ajo picado.
Salpimiente y esparza 1 pizca de guindilla en polvo. Tape y cueza
a fuego lento unos 15 minutos. Añada las aceitunas hacia el
final de la cocción.

Mientras tanto, caliente el aceite restante en una cacerola,
añada las cebollas cortadas y dórelas suavemente, removiendo
con regularidad. Añada el arroz y mezcle bien. Vierta el caldo
de verduras caliente. Lleve a ebullición y añada la otra pizca de
guindilla en polvo, salpimiente y tape. Cueza a fuego lento
unos 15 minutos.

Sirva el arroz caliente con las verduras como acompañamiento.

Para preparar tacos de arroz con aceitunas y pimientos,
rellene las tortillas para tacos crujientes preparadas con la
mezcla
de arroz picante. Cubra con una cucharada de crema agria
para cocinar y una cucharada de guacamole. Para preparar
el guacamole, aplaste la carne de 3 aguacates maduros con
un tenedor y añada 1 tomate grande, pelado y cortado en dados,
el zumo de 1 lima, 1 cebolla roja finamente picada, 1 guindilla
roja finamente picada y un puñado de cilantro, finamente picado.

arroz especiado con pollo

4 raciones
tiempo de preparación
10 minutos
tiempo de cocción **15 minutos**

1-1½ cucharadas de **aceite
de girasol**
3-4 **dientes de ajo**, finamente
picados
3-4 **guindillas pequeñas**,
ligeramente chafadas
425 g de **filetes de pechuga
de pollo pelados**, en tiras finas
1 **cebolla roja**, en rodajas finas
750 g de **arroz tailandés
aromático cocido**, frío
2½ cucharadas de **salsa
de pescado**
1 puñado de **hojas de albahaca
dulce tailandesa o común**

Caliente el aceite en un wok o sartén grande.

Saltee el ajo y las guindillas a fuego medio durante 1-2 minutos,
o hasta que el ajo quede ligeramente dorado. Incorpore el pollo
y la cebolla y saltee durante 4-5 minutos o hasta que el
pollo esté cocido.

Añada el arroz y la salsa de pescado y saltee durante
3-4 minutos más. Pruebe y ajuste la condimentación. Agregue
las hojas de albahaca y saltee hasta que la albahaca reduzca
su volumen.

Reparta en 4 platos precalentados.

Para preparar arroz con gambas y guindillas dulces,

sustituya el pollo, el ajo y las guindillas pequeñas por 425 g
de gambas crudas peladas y 2-3 cucharadas de salsa de
guindilla dulce con ajo. Saltee las gambas durante 2-3 minutos,
añada la salsa de guindilla dulce y mezcle. Aparte hacia los
bordes exteriores del wok o sartén. Añada la cebolla, el arroz
y la salsa de pescado y continúe como se indica en la receta.

arroz con azafrán y frutas secas

4-6 raciones
tiempo de preparación
10 minutos
tiempo de cocción **15 minutos**

80 g de **pasas**
80 g de **ciruelas pasas deshuesadas**
40 g de **dátiles**
1 cucharada de **aceite vegetal**
2 **cebollas**, picadas
200 g de **arroz de grano largo**
350 ml de **agua tibia**
1 pizca de **azafrán molido**
40 g de **almendras**
sal y **pimienta**

Ponga las pasas en un cuenco y cubra con agua tibia. Haga lo mismo con las ciruelas. Abra los dátiles y deshuéselos.

Caliente el aceite en una sartén y sofría las cebollas suavemente unos instantes, removiendo. Añada el arroz y mezcle bien. Vierta el agua caliente aromatizada con el azafrán. Salpimiente al gusto, tape y cueza a fuego lento unos 12-15 minutos. Agregue las frutas secas y las almendras 5 minutos antes de finalizar la cocción. Sirva caliente.

Para preparar arroz con pollo y albaricoques, lave 200 g de orejones de albaricoque y córtelos en cuartos. Póngalos en un cuenco y cubra con agua tibia hasta que se ablanden. Escurra los trozos de albaricoque y reserve el líquido. Añada suficiente agua caliente al mismo hasta completar 350 ml, incorpore el azafrán y utilícelo para cocinar el arroz. Cinco minutos antes de finalizar la cocción, añada los albaricoques con las almendras, y 375 g de pechuga de pollo cocida y cortada en dados.

jambalaya de langostinos

4 raciones
tiempo de preparación
15 minutos
tiempo de cocción **20 minutos**

180 g de **arroz de grano largo**
1 cucharada de **aceite vegetal**
1 **pimiento rojo**, en dados
2 **cebollas**, en rodajas
2 **dientes de ajo**, finamente
  picados
1 **tallo de apio**, picado
1 **rama de tomillo**, sólo las hojas
30 **langostinos crudos pelados**
salsa Tabasco
sal y **pimienta**
nuez de **mantequilla**, para servir

Cocine el arroz al estilo criollo durante 15 minutos (*véanse* págs. 10-13). Escúrralo y resérvelo para que se enfríe.

Caliente el aceite en una sartén antiadherente grande. Añada el pimiento, las cebollas, el ajo y el apio. Reparta el tomillo. Cocine durante 15 minutos, sin parar de remover. Salpimiente.

Incorpore los langostinos y una gota de Tabasco y cueza durante 5 minutos más. Añada el arroz cocido y mezcle bien con un tenedor para separar los granos.

Añada una nuez de mantequilla justo antes de servir.

Para preparar *jambalaya* **con salchicha y pollo**, incorpore ¼ de cucharadita de guindilla en polvo, ½ cucharada de cúrcuma y ½ cucharada de condimento Cajún a la verdura en la sartén, sin el tomillo, y añada 250 g de pollo, sin piel ni huesos, y 175 g de chorizo en rodajas. Continúe la preparación como se indica en la receta.

jambalaya de arroz silvestre

4 raciones

tiempo de preparación
15 minutos

tiempo de cocción **30 minutos**

125 g de **arroz silvestre**
1 cucharadita de **aceite de oliva**
50 g de **apio**, picado
½ **pimiento rojo**, sin membranas
  ni semillas y en dados
½ **pimiento verde** o **amarillo**,
  sin membranas ni semillas
  y en dados
2 **cebollas**, en rodajas
1 **cebolla**, picada
1 loncha de **beicon sin corteza**,
  sin la grasa
2 **dientes de ajo**, picados
2 cucharadas de **tomate**
  concentrado
1 cucharada de **tomillo**, picado
125 g de **arroz de grano largo**
1 **guindilla verde**, sin semillas
  y finamente picada
½ cucharadita de **pimienta**
  de Cayena
400 g de **tomates en conserva**,
  escurridos
300 ml de **caldo de pollo**
150 ml de **vino blanco seco**
250 g de **langostinos medianos**
  crudos
perejil, para decorar

Ponga el arroz silvestre en una cacerola cubierto con agua. Lleve a ebullición y cueza 5 minutos. Retire la cacerola del fuego y tape. Deje reposar durante unos 10 minutos hasta que los granos estén tiernos. Escurra.

Caliente el aceite en una sartén antiadherente. Añada el apio, los pimientos, la cebolla, el beicon y el ajo. Sofría, sin dejar de remover durante 3-4 minutos hasta que las verduras estén tiernas. Incorpore el tomate concentrado y el tomillo. Cueza 2 minutos más.

Añada el arroz silvestre, el arroz de grano largo, la guindilla, la pimienta de Cayena, los tomates, el caldo y el vino. Lleve a ebullición. Reduzca el fuego y cueza a fuego lento durante 10 minutos hasta que el arroz esté cocido pero ofrezca cierta firmeza.

Incorpore los langostinos y cocine, removiendo ocasionalmente, durante 5 minutos hasta que estén opacos. Sirva en cuencos precalentados. Esparza cilantro o perejil y sirva con pan crujiente, si lo desea.

Para preparar *jambalaya* **de pollo y langostinos**, omita el arroz silvestre e incremente la cantidad de arroz de grano largo hasta 250 g. Sofría el apio, los pimientos, la cebolla y el ajo como se indica en la receta, sin el beicon. Retírelos de la sartén y caliente 1 cucharada de aceite de oliva en la misma sartén. Añada 200 g de pechuga de pollo cortada en trozos, y fría hasta que esté dorada. Vuelva a poner las verduras en la sartén; añada los ingredientes restantes hasta el vino blanco. Lleve a ebullición y continúe la receta según las instrucciones.

postres

arroz con coco y cardamomo

4 raciones
tiempo de preparación
5 minutos
tiempo de cocción **30 minutos**

100 g de **arroz de grano redondo (tipo bomba)**
las semillas de 2 **vainas de cardamomo**
500 ml de **leche**
2 cucharadas de **agua**
40 g de **coco rallado**
40 g de **azúcar moreno**
1 sobre de **azúcar avainillado**

Lave el arroz bajo el chorro del agua fría y escúrralo bien.

Maje las semillas de cardamomo con el mortero.

Ponga la leche y el cardamomo en una cacerola de fondo grueso. Lleve a ebullición y añada el arroz. Tape y cueza a fuego lento durante unos 25 minutos.

Mientras tanto, cubra el coco rallado con el agua. Agregue a la cacerola con el arroz el azúcar moreno, el azúcar avainillado y el coco rehidratado. Cueza a fuego lento 5 minutos más.

Ponga el arroz con coco en cuencos pequeños y deje que se enfríe ligeramente.

Sirva caliente o muy frío.

Para preparar arroz con coco y plátano caramelizado, caliente a fuego lento 50 g de azúcar blanquilla, ½ cucharadita de esencia de vainilla y 2 cucharadas de agua caliente en una sartén hasta que el azúcar se derrita y se caramelice. Incorpore 15 g de mantequilla y después añada 2 plátanos maduros pero firmes, pelados y cortados en rodajas diagonales, y cúbralos generosamente con el caramelo. Sirva el arroz con coco caliente, y decórelo con el plátano caramelizado.

plátanos con arroz glutinoso

4-6 raciones
tiempo de preparación
10 minutos, más 3 horas
de tiempo de remojo
tiempo de cocción **15 minutos**

100 g de **arroz glutinoso**
3 **plátanos**
500 ml de **leche de coco**
60 g de **azúcar blanquilla**
½ cucharadita de **extracto
de vainilla**

Lave el arroz, póngalo en un cuenco grande con agua y déjelo en remojo durante al menos 3 horas. Enjuáguelo varias veces y escúrralo bien.

Pase el arroz a una cacerola, cubra con agua y lleve a ebullición. Cueza a fuego lento unos 12 minutos.

Pele los plátanos y córtelos en rodajas.

Ponga la leche de coco, el azúcar y el extracto de vainilla en una cacerola grande. Caliente a fuego lento durante 5 minutos y añada las rodajas de plátano. Continúe la cocción unos 10 minutos más.

Deje enfriar y sirva con el arroz caliente.

Para preparar higos con arroz glutinoso, sustituya el azúcar por 4 cucharadas de miel y añada la ralladura fina de ½ naranja. Caliente como se indica en la receta, y añada 4 higos frescos o secos, cortados en cuartos y continúe cocinando 5 minutos más. Deje enfriar, y sirva con el arroz caliente, espolvoreando con unas hojas frescas de tomillo.

arroz con leche

4 raciones
tiempo de preparación
5 minutos
tiempo de cocción **30 minutos**

100 g de **arroz de grano
redondo (tipo bomba)**
500 ml de **leche**
40 g de **azúcar blanquilla**
1 sobre de **azúcar avainillado**

Lave el arroz bajo el chorro del agua fría y escúrralo bien.

Ponga la leche en una cacerola de fondo grueso. Lleve a ebullición y añada el arroz. Tape y cueza a fuego lento durante unos 25 minutos.

Añada el azúcar blanquilla y el avainillado, remueva bien, tape y cueza durante 5 minutos más.

Para preparar arroz con leche al estilo indio, lleve a ebullición 500 ml de leche y añada 100 g de arroz basmati, 4 vainas de cardamomo verde molidas y 2 hebras de azafrán. Cuando el arroz esté prácticamente cocido, añada 40 g de azúcar blanquilla, 1 cucharada de almendras laminadas y 1 cucharada de pistachos finamente picados. Termine la cocción a fuego muy lento.

arroz con leche a la vainilla

4 raciones
tiempo de preparación
10 minutos
tiempo de cocción **25 minutos**

100 g de **arroz redondo semi-
pulido** o **integral cocido**
½ vaina de **vainilla**
500 ml de **leche**
la cáscara de ½ **limón**
cortada en tiras
50 g de **azúcar moreno**
12 g de **mantequilla**,
en dados
2 **yemas de huevo**
sal

Lave el arroz bajo el chorro del agua fría y escúrralo bien.
Póngalo en una cacerola con agua ligeramente salada hirviendo
y cuézalo a fuego lento unos 10 minutos. Vuelva a escurrirlo.

Corte la vaina de vainilla longitudinalmente. Ponga la leche
con la vaina en una cacerola de fondo grueso. Lleve a ebullición
y añada el arroz y la cáscara de limón. Tape y cueza a fuego
lento unos 10 minutos.

Añada el azúcar moreno y retire la cacerola del fuego. Remueva
y añada los dados de mantequilla. Deje enfriar unos instantes.

Bata las yemas de huevo en un cuenco y mézclalas con el
arroz con leche. Cueza a fuego lento 5 minutos más, removiendo
regularmente.

Retire la vaina de vainilla y la cáscara de limón. Reparta el arroz
en cuencos pequeños y deje enfriar ligeramente antes de servir.

**Para preparar arroz con leche a la vainilla con naranja
y pasas sultanas**, sustituya la cáscara de limón por la de
naranja y el azúcar moreno por azúcar blanquilla. Agregue 75 g
de pasas sultanas y ½ cucharadita de canela molida a la leche
junto con el arroz y la cáscara de naranja. Continúe la cocción
como se indica en la receta.

arroz con leche al caramelo

4 raciones
tiempo de preparación
5 minutos
tiempo de cocción **30 minutos**

100 g de **arroz de grano
redondo (tipo bomba)**
500 ml de **leche**
25 g de **azúcar blanquilla**
1 sobre de **azúcar avainillado**
2 cucharadas de **caramelo
líquido**

Lave el arroz bajo el chorro del agua fría y escúrralo bien.

Ponga la leche en una cacerola de fondo grueso. Lleve
a ebullición y vierta el arroz poco a poco. Tape y cueza a fuego
lento 25 minutos.

Incorpore el azúcar blanquilla y el avainillado y mezcle bien.
Tape y cocine 5 minutos más.

Reparta el arroz en cuencos pequeños; déjelos enfriar,
refrigérelos.

Decore la superficie de cada cuenco con el caramelo líquido
justo antes de servir.

Para preparar arroz con leche a la crema quemada,
elabore el pudín de arroz como se indica en la receta, utilizando
únicamente 1 cucharada de azúcar. Reparta el pudín de arroz
en 4 ramequines refractarios individuales; déjelos enfriar y
refrigérelos. Una hora antes de servir, sáquelos de la nevera
y cubra cada porción con 2 cucharaditas de azúcar demerara.
Colóquelos bajo el grill precalentado hasta que el azúcar
se caramelice. Deje que se enfríen y vuelva a ponerlos en
la nevera durante 45 minutos antes de servirlos.

214

arroz con leche al chocolate

4 raciones
tiempo de preparación
  5 minutos
tiempo de cocción **30 minutos**

100 g de **arroz de grano
  redondo (tipo bomba)**
5 cucharadas de **cacao en polvo**
500 ml de **leche**
1 rama pequeña de **canela**
50 g de **azúcar moreno**

Lave el arroz bajo el chorro del agua fría y escúrralo bien.

Disuelva el cacao en polvo en 4 cucharadas de leche.

Ponga en una cacerola de fondo grueso la leche restante, la rama de canela y el cacao disuelto. Lleve a ebullición e incorpore el arroz poco a poco. Tape y cueza a fuego lento durante 25 minutos.

Agregue el azúcar moreno, mezcle bien, tape y cueza 5 minutos más. Retire la rama de canela.

Reparta el pudín de arroz al chocolate en cuencos individuales y deje enfriar ligeramente.

Para preparar arroz con leche a la moca, disuelva 4 cucharadas de cacao en polvo y 2 cucharaditas de expresso instantáneo en 4 cucharadas de la leche y continúe la preparación como se indica en la receta. Añada la ralladura de ½ naranja con el azúcar moreno.

pudín de arroz con pasas al vino

4 raciones
tiempo de preparación
10 minutos, más 30 minutos
de remojo
tiempo de cocción **2 horas**

50 g de **pasas**
2 cucharadas de **vino generoso**
(como Pedro Ximénez, madeira
o jerez dulce)
65 g de **arroz de grano redondo**
25 g de **azúcar blanquilla**
600 ml de **leche**
25 g de **mantequilla**, en dados
una pizca de **nuez moscada
en polvo**
una pizca de **canela en polvo**

Ponga las pasas en un cazo con el vino y caliéntelo, o introdúzcalo en el microondas dentro de un cuenco pequeño durante 30 segundos a máxima potencia. Deje en remojo durante 30 minutos o más, si el tiempo lo permite.

Engrase una fuente refractaria de 900 ml, y ponga en ella el arroz y el azúcar. Disponga encima las pasas remojadas y cubra con la leche. Reparta los dados de mantequilla por encima y espolvoree con las especias.

Cueza, en el horno precalentado a 150 °C, durante 2 horas, hasta que se dore la superficie del pudín, el arroz esté tierno y la leche espesa y cremosa. Sirva en porciones acompañando con crema espesa.

Para preparar pudín de arroz tradicional, prescinda de las pasas y el vino generoso y ponga el arroz y el azúcar en la fuente. Cubra con 450 ml de leche y 150 ml de nata para montar. Reparta la mantequilla por encima y espolvoree con nuez moscada recién rallada. Hornéelo y acompáñelo con mermelada de fresa.

risotto de chocolate

4 raciones
tiempo de preparación
5 minutos
tiempo de cocción **20 minutos**

600 ml de **leche**
25 g de **azúcar de caña
sin refinar**
50 g de **mantequilla**
125 g de **arroz para** *risotto*
50 g de **avellanas**, tostadas
y picadas
50 g de **pasas sultanas**
125 g de **chocolate negro**
de calidad, rallado, y un poco
más para decorar
brandy (opcional)

Caliente la leche y al azúcar de caña sin refinar en una cacerola hasta que hierva.

Derrita la mantequilla en una cacerola de fondo grueso; añada el arroz y remueva bien hasta cubrir todos los granos. Vierta un cucharón de leche caliente al arroz y remueva bien. Cuando el arroz haya absorbido la leche, añada otro cucharón. Continúe añadiendo la leche por etapas y removiendo hasta que el arroz la absorba. El arroz debería quedar ligeramente al dente, con una salsa cremosa.

Añada las avellanas, las pasas y el chocolate y mezcle rápidamente. Sirva decorando con un poco de chocolate rallado. No mezcle el chocolate en exceso, ya que el efecto del jaspeado es muy agradable. Para ocasiones especiales, añada un chorro de brandy justo antes de decorar y servir el *risotto*.

Para preparar arroz con leche con chocolate y naranja, añada la ralladura fina de una naranja al calentar la leche y el azúcar. Prepare el *risotto* como se indica en la receta, e incorpore 2 cucharadas de zumo de naranja, 125 g de chocolate con leche rallado y 75 g de frutas tropicales deshidratadas en lugar de las avellanas, las pasas y el chocolate negro. Reserve una parte del chocolate rallado, para decorar.

arroz con leche con naranja confitada

4 raciones
tiempo de preparación
  5 minutos
tiempo de cocción **30 minutos**

100 g de **arroz de grano
  redondo (tipo bomba)**
500 ml de **leche**
cáscara de una **naranja**,
  cortada en tiras
40 g de **cáscara de naranja
  confitada**, en dados
40 g de **azúcar blanquilla**
pizca de **sal**

Lave el arroz bajo el chorro del agua fría y escúrralo bien.

Ponga la leche en una cacerola de fondo grueso. Lleve
a ebullición, añada la sal, el arroz y la cáscara de naranja.
Tape y deje cocer a fuego lento unos 25 minutos.

Añada la cáscara de naranja confitada y el azúcar. Mezcle, tape
y cueza otros 5 minutos.

Retire la cáscara de naranja. Reparta el pudín de arroz
en porciones individuales y deje que se enfríe ligeramente
antes de servir.

Para preparar arroz con leche con piña y jengibre, pele
½ piña pequeña dulce; córtela en rodajas de 2 cm de grosor
y cada una en gajos, eliminando el corazón. Ase los gajos de
piña con 50 g de mantequilla, 75 g de azúcar y 1 cucharada
de jarabe de jengibre en el horno, precalentado a 200 ºC,
durante 30 minutos, rociándolo frecuentemente con su propio
jugo durante la cocción. Mientras tanto, prepare el pudín
de arroz, y sustituya la cáscara de naranja por 1 cucharada de
jengibre en conserva finamente picado. Sirva el pudín de arroz
decorado con la piña asada.

arroz con mango

4-6 raciones

tiempo de preparación
  5 minutos, más 1 hora
  de remojo
tiempo de cocción **12 minutos**

200 g de **arroz glutinoso**
2 cucharadas de **azúcar moreno**
250 ml de **leche de coco**
4 cucharadas de **agua caliente**
1 **mango**, en rodajas finas

Ponga el arroz en un cuenco grande y cúbralo con agua. Déjelo en remojo durante al menos 1 hora. Enjuáguelo bien, escúrralo y colóquelo en el centro de un paño limpio.

Caliente un poco de agua en la parte inferior de una vaporera. Coloque el paño que contiene el arroz en el compartimiento superior. Tenga cuidado de extender el arroz formando una capa uniforme. Tape y cueza unos 10 minutos.

Destape el arroz, espere 1 minuto hasta que el arroz se enfríe un poco y colóquelo en un recipiente para servir, ahuecándolo bien.

Mezcle el azúcar moreno, la leche de coco y el agua caliente en una cacerola y lleve a ebullición. Retire del fuego.

Incorpore el almíbar de leche de coco sobre el arroz. Deje enfriar. Justo antes de servir, añada el mango en rodajas.

Para preparar arroz con leche aromático con mango, cueza 200 g de arroz de jazmín tailandés al estilo criollo (*véanse* págs. 10-13), añadiendo al agua de cocción 1 tallo de hierba limonera fresca, abierta longitudinalmente. Escurra el arroz y retire la hierba limonera. Ponga 200 ml de crema de coco en una cacerola con 2 cucharadas de azúcar de caña sin refinar y 4 cucharadas de agua caliente y continúe como se indica en la receta.

arroz dulce al azafrán con melocotones a la miel

4 raciones

tiempo de preparación
25 minutos, más 30 minutos
de remojo

tiempo de cocción **30 minutos**

100 g de **arroz basmati**
500 ml de **leche**
1 pizca de **hebras de azafrán**
aceite vegetal
40 g de **almendras laminadas**
70 g de **miel**
4 **melocotones**
20 g de **mantequilla**
1 pizca de **sal**

Lave el arroz bajo el chorro del agua fría, viértalo en un cuenco y cúbralo con agua. Déjelo en remojo durante 30 minutos y escúrralo con cuidado.

Caliente la leche a fuego lento en una cacerola de fondo grueso. Añada las hebras de azafrán y una pizca de sal; tape y deje en infusión durante 10 minutos.

Ponga a calentar una sartén antiadherente, ligeramente engrasada con aceite. Añada el arroz y sofría a fuego lento durante 1 minuto. Añada las almendras. Retire el azafrán de la leche e incorpore a ésta 50 g de miel. Mezcle bien y agréguela sobre la mezcla de arroz. Tape y cueza a fuego lento unos 20 minutos.

Mientras tanto, lleve a ebullición agua en una cacerola grande. Sumerja los melocotones durante 1 minuto y después escúrralos bajo el chorro del agua fría. Pélelos, córtelos en cuartos y retire los huesos. Caliente la miel restante y la mantequilla en una cacerola antiadherente. Agregue los melocotones y cueza a fuego lento por una cara unos 2 minutos; deles la vuelta y cuézalos 3 minutos más.

Ahueque los granos de arroz con un tenedor y llene un molde grande o varios individuales. Cuando esté listo, desmolde el arroz y sírvalo con los melocotones fritos.

Para preparar arroz al jarabe de arce con pacanas, prescinda de las almendras y los melocotones. Cueza el arroz como se indica en la receta, sustituyendo la miel por 50 g de jarabe de arce. Caliente 20 g de jarabe de arce con 20 g de mantequilla, añada 125 g de pacanas picadas gruesas y mantenga a fuego lento durante 2 minutos. Sirva el arroz cubierto con las pacanas.

arroz con coco y melocotón

4 raciones
tiempo de preparación
  5 minutos
tiempo de cocción **30 minutos**

100 g de **arroz de grano
  redondo (tipo bomba)**
500 ml de **leche**
40 g de **azúcar blanquilla**
1 sobre de **azúcar avainillado**
4 **melocotones maduros**
un poco de **zumo de limón**

Lave el arroz bajo el chorro del agua fría y escúrralo bien.

Ponga la leche en una cacerola de fondo grueso. Lleve
a ebullición y añada el arroz poco a poco. Tape y cueza a fuego
lento unos 25 minutos.

Añada el coco rallado, el azúcar blanquilla y el avainillado.
Mezcle bien, tape y cueza a fuego lento unos 5 minutos.
Reparta el arroz con coco en cuencos individuales y deje enfriar
antes de refrigerar.

Pele los melocotones y córtelos en cuartos. Redúzcalos a puré
y añada el zumo de limón.

Sirva frío el arroz acompañado con el puré de melocotón.

Para preparar arroz con coco y frambuesas, reduzca
a puré 500 g de frambuesas frescas, o congeladas previamente
descongeladas, junto con 2 cucharadas de azúcar. Incorpore
la ralladura fina y el zumo de 2 limas. Sirva el arroz frío con
el puré de frambuesa.

arroz con leche, especias y coco

4 raciones
tiempo de preparación
15 minutos, más 30 minutos
de remojo
tiempo de cocción **30 minutos**

100 g de **arroz basmati**
500 ml de **leche**
1 **clavo de olor**
1 rama pequeña de **canela**
50 g de **azúcar blanquilla**
1 sobre de **azúcar avainillado**
50 g de **coco rallado**

Lave el arroz bajo el chorro del agua fría, colóquelo en un cuenco grande y cúbralo con agua. Déjelo en remojo 30 minutos y escúrralo bien.

Ponga a calentar en una cacerola de fondo grueso la leche, el clavo, la rama de canela, el azúcar blanquilla y el avainillado. Lleve a ebullición. Añada el arroz, mezcle bien, tape y cueza a fuego lento durante 25 minutos.

Caliente una sartén antiadherente y tueste en ella el coco rallado. Remueva bien hasta que comience a dorarse.

Retire el clavo y la rama de canela. Reparta el arroz en porciones individuales. Deje enfriar y espolvoree con el coco tostado.

Para preparar arroz con leche con rosa y cardamomo, sustituya el clavo y la rama de canela por 2 cucharadas de agua de rosas y 2 vainas de cardamomo verde ligeramente molido. Sustituya el coco tostado por 50 g de almendras fileteadas ligeramente tostadas.

crema de arroz con agua de azahar

4 raciones
tiempo de preparación
5 minutos
tiempo de cocción **10 minutos**

6 cucharadas de **harina de arroz blanca o integral**
1 l de **leche**
90 g de **azúcar blanquilla**
2 cucharadas de **agua de azahar**
60 g de **pistachos** picados

Mezcle la harina de arroz con 4 cucharadas de la leche. Ponga la leche restante y el arroz diluido en agua en una cacerola de fondo grueso, mezcle bien y lleve a ebullición. Tape y cueza a fuego lento unos 10 minutos, removiendo con regularidad.

Añada el azúcar y el agua de azahar, mezcle bien y retire la cacerola del fuego.

Ponga la crema de arroz en cuencos pequeños y deje enfriar. Esparza por encima los pistachos picados y sirva a temperatura ambiente.

Para preparar crema de arroz con compota de frutas secas, pique 50 g de cada una de las siguientes frutas secas: peras, melocotones y ciruelas; cúbralas con agua, llévelas a ebullición y cuézalas a fuego lento durante 5 minutos. Retire del fuego y deje en remojo mientras prepara la crema de arroz como se indica en la receta. Sirva el arroz cubierto con la compota de frutas secas y los pistachos picados.

risotto de arroz rojo y uvas salteadas

4 raciones
tiempo de preparación
15 minutos
tiempo de cocción
50-60 minutos

75 g de **mantequilla**
175 g de **arroz rojo de
la Camarga**, enjuagado
con agua fría y escurrido
750-790 ml de **leche**
½ cucharadita de **especias
variadas molidas**,
y un poco más, para decorar
50 g de **azúcar mascabado
claro**
250 g de **uvas rojas sin semilla**,
partidas por la mitad
crema acidificada

Caliente 50 g de mantequilla en una cacerola. Añada el arroz y cuézalo a fuego lento 2 minutos sin dejar de remover. En una cacerola aparte, caliente la leche, incorpore alrededor de una tercera parte sobre el arroz y añada las especias.

Cueza el arroz a fuego lento durante 40-50 minutos, removiendo ocasionalmente hasta que quede tierno y cremoso, añadiendo cucharones de leche conforme el arroz se vaya hinchando y removiendo con más frecuencia hacia el final de la cocción.

Retire el arroz del fuego e incorpore el azúcar. Caliente la mantequilla restante en una sartén; añada las uvas y fría durante 2-3 minutos hasta que estén calientes. Sirva el *risotto* en cuencos; acompañe con abundante crema acidificada, y cubra con las uvas y espolvoree con las especias. Sirva inmediatamente.

Para preparar *risotto* de cerezas, fría 175 g de arroz para *risotto* blanco en 50 g de mantequilla y cueza con 600-750 ml de leche calentada como se indica en la receta, sin las especias molidas y añadiendo 1 cucharadita de esencia de vainilla y 50 g de cerezas deshidratadas. Cueza a fuego lento 20-25 minutos hasta que el arroz esté suave y cremoso. Incorpore 50 g de azúcar lustre. Prescinda de las uvas y sirva el *risotto* con abundante crema acidificada.

índice

236

238

239

agradecimientos

Editora ejecutiva Eleanor Maxfield
Dirección editorial Clare Churly
Director artístico Jonathan Christie
Gestión de la biblioteca de imágenes Jennifer Veall
Estilismo John Bentham

Vajilla de la página 79, Robert le Héros.

Fotografías de Akiko Ida. ©shutterstock; Monkey Business
Images 2-3; mundoview 4-5; Babajaga 9; Mates 23; Octopus
Publishing Group: David Loftus 157, 221; David Munns
144-145, 204-205; Eleanor Skan 116-117, 189; Ian Wallace
43, 59; Lis Parsons 66-67, 73, 89, 91, 93, 155, 159, 161,
165, 182-183; Stephen Conroy 6-7, 34-35, 94; Will Heap
123, 143, 219, 235; William Reavell 151, 163, 203.